Meditación

La guía definitiva para iniciar la meditación y técnicas de meditación excelentes para comenzar hoy

(Cómo cambiar tu vida y lograr lo que deseas en un instante)

Francisco-Javier Velazquez

TABLA DE CONTENIDOS

Introducción 1
Meditación Y El Pensamiento 5
Cómo Adaptar La Meditación A La Vida Diaria
.... 35
Precaución Cuando Medita 44
Meditación Sobre La Atención Para El Sueño . 88
Recomendaciones Para Aliviar La Ansiedad Y El Estrés 115
Como Estudio No Esencial 142

Introducción

Muchas de nosotras intentamos tener éxito en las mismas cosas que deseamos a diario. Hay muchas formas de lograr las cosas que todos deseamos, pero no todas las estrategias funcionan tan bien para alguien como podrían funcionar para otro. La meditación es un método comprobado que funciona para muchos y requiere poco esfuerzo. Por supuesto, comenzar este proceso puede ser difícil al principio, pero con los pasos correctos y la voluntad de intentar algo nuevo, puedes lograr lo que has estado anhelando utilizando las habilidades que ya tienes en tu mente.

La mejor forma de consumir los medios que vamos a presentarte es leer un libro. Es mucho más probable que tu mente recuerde la información que se te presenta cuando escuchas algo en voz alta.

Además de esto, tendrás más tiempo para concentrarte y enfocarte en lugar de tratar de comprender las palabras que estás leyendo. Tu cerebro será mucho más capaz de absorber lo que estás escuchando más rápido de lo que sería si estuviera viéndolas. Muchas personas aprenden y retienen información de esta manera mucho más fácilmente.

También será mejor permitir que otra persona te presente esto a través de un audiolibro porque se hará al ritmo correcto. Si intentas leer por ti mismo, puedes hacerlo mucho más rápido que la forma en que te damos la información. Será más fácil que absorbas los medios como debería ser al permitir que otra persona tome la dirección y el ritmo de las cosas por ti.

Escucha esto cuando estés en un lugar seguro. Puede ser atractivo escucharlo en el tren o incluso en el coche cuando vas al trabajo, pero no siempre sabemos cómo podríamos reaccionar a la hipnosis y la meditación. Puede quedarte dormido cuando te hipnotizan, o puede que te relajes demasiado y no puedas conducir. No hay nada demasiado peligroso que pueda sucederte mientras te quedes en casa, o al menos en un lugar donde dormir esté bien.

La meditación es dirigida an uno mismo. Estarás en control de los pensamientos que pasan por tu mente, y depende de ti asegurarte de que estás creando las imágenes que se presentan en tu cerebro.

Otra persona se encargará de la hipnosis. Es por eso que es guiada. Te daremos directrices sobre lo que deberías estar pensando y cómo procesas la información, así que te llevaremos completamente a la hipnosis. Las afirmaciones son frases cortas que podemos repetirnos cuando sea necesario para recordarnos lo que es más importante. Nos decimos con frecuencia cosas negativas, que pueden ser frases cortas con recordatorios negativos que pueden darnos una percepción tóxica de nosotras mismas.

Estas pueden ser frases simples como "No soy lo suficientemente buena", "Soy muy fea" o "No tengo valor". Si nos enfocamos en afirmaciones positivas y frases como "soy lo suficientemente bueno", "soy una persona hermosa" y "tengo mucho que ofrecer", nuestras percepciones de nosotras mismas pueden empezar a cambiar rápidamente.

Meditación Y El Pensamiento

Como se ha demostrado, la meditación tiene un impacto significativo en la mente. ¿Cuál es la razón? La respuesta sencillo es que la meditación agranda las áreas del cerebro que están relacionadas con el comportamiento bueno y encoge las áreas que están relacionadas con el comportamiento malo.

El hipocampo de la izquierda

El área del cerebro conocida como hipocampo izquierdo

que nos da la oportunidad de aprender. El hipocampo izquierdo y su funcionalidad están relacionados con la capacidad cognitiva, la memoria, los reguladores emocionales, la autoconciencia y la empatía.

El volumen o la materia gris de una región determina la funcionalidad del hipocampo. La persona desarrollará más habilidades cognitivas y empáticas si su hipocampo está lleno de materia gris.

La meditación expande el hipocampo izquierdo. Como resultado, el meditador desarrolla una mayor capacidad cognitiva, regulación emocional, autoconciencia y empatía, todo lo cual es beneficioso.

Cingulado adicional

Sus pensamientos errantes y su sentido de sí mismo son el resultado del cíngulo posterior. La persona es más capaz de mantenerse concentrada y tener una imagen realista de sí misma cuanto más grande es el cíngulo posterior.

La meditación hace que el cíngulo posterior sea más funcional al aumentar su volumen. Esto aumenta la concentración y el sentido de sí mismo. Cuando se trata de la mente, este sentido del yo afinado es crucial porque la mente es responsable de la comprensión y proyección del yo.

No podrías comprenderte a ti mismo sin la mente. La meditación puede permitir que tu mente conciba más claramente tu yo y tu lugar en el mundo porque aumenta la parte del cerebro que regula el yo.

La Unión Parieto Temporo (TPJ)

La parte del cerebro que nos permite ser compasivos y empáticos es el TPJ. Además, el TPJ está vinculado a nuestro sentido de perspectiva, lo que con frecuencia nos ayuda a ser más compasivos y empáticos. El TPJ se activa cuando nos ponemos en el lugar de otra persona.

El volumen del TPJ aumenta con la meditación. Aumentar el volumen de TPJ nos permite mejorar como personas y lograr nuestros objetivos personales.
En consecuencia, la meditación nos permite cambiar la imagen que tenemos de nosotros mismos.

Amígdala

La amígdala es responsable de la ansiedad, el miedo y el estrés. Es responsable de los comportamientos de lucha o huida en situaciones estresantes, confrontantes o peligrosas. La amígdala puede salvarnos la vida en algunas circunstancias, pero con frecuencia causa estrés innecesario, que no es saludable y es perjudicial para nuestro bienestar.

La amígdala se encoge después de la meditación, a diferencia de otras partes del cerebro. El encogimiento de la amígdala reduce la ansiedad y el estrés, lo que le permite sentirse más positivo sobre usted y sus circunstancias. Como

Su amígdala se encoge, lo que mejora su bienestar mental.

Combinando todo

La meditación encoge la amígdala y expande el hipocampo izquierdo, el cíngulo posterior y el TPJ. Como resultado, los meditadores desarrollaron más funciones cognitivas, control emocional, concentración, nociones realistas de sí mismos y compasión. Mientras tanto, sienten menos ansiedad, estrés y miedo.

Estos efectos ayudan a su mente a funcionar de manera más eficiente, suave, lo que conduce an una vida más saludable y feliz. En otras palabras, la meditación tiene un efecto positivo en la mente porque mejora la memoria, la concentración, el intelecto y el bienestar emocional.

TOMO VII

Esto es el mal; lo has visto con frecuencia. Como han visto con frecuencia, lleven esto a mano en cada emergencia. En general, encontrarán cosas similares en todo el mundo. Las historias antiguas, las de la edad media y las actuales están llenas de ellas. En la actualidad, se encuentran en todas las ciudades y hogares. Nada es nuevo; todo es tan conocido y efímero.

Sus principios siguen siendo válidos. ¿Cómo pueden morir si no eliminando las imágenes que los acompañan? Y tu responsabilidad es mantenerlos vivos en todo momento. ¿Por qué estoy preocupado si puedo pensar como debería en esto? Las cosas que no puedo comprender no tienen nada que ver con mi comprensión. Podrás levantarte si controlas esto. Volver a la vida está en tu poder; mira las cosas como lo hiciste antes, porque aquí es donde consiste volver a la vida.

Los juegos en un escenario, los rebaños, las manadas, las peleas fingidas, el hueso arrojado a los cachorros, la migaja en los estanques de peces, el trabajo y el moqueo de las hormigas que llevan sus cargas, el escabullirse de los ratones asustados, las marionetas que bailan al son de las cuerdas. Deben comportarse con amabilidad y sin mostrar orgullo en todo esto; sin embargo, deben entender que el valor de lo que han puesto su corazón es el mismo para cada hombre.

En la conversación es importante observar atentamente lo que se dice, mientras que en el ámbito del impulso es importante observar lo que sucede. En el último caso, es importante ver de inmediato cuál es el objeto de referencia, mientras que en el primer caso es importante destacar el significado expresado.

¿Es mi comprensión de esto adecuada? Si es suficiente, lo empleo como un instrumento que me ha dado la Naturaleza Universal para la tarea. Pero si es insuficiente, o bien me retiro de la tarea en favor de quien pueda hacerla mejor (siempre que de otra manera sea mi deber), o bien hago lo mejor que puedo, tomando para ayudar a quien puede hacer lo que ahora es oportuno y beneficioso para el público en general. Todo lo que realizo, ya sea por mi cuenta o en colaboración con otros, debe tener como único objetivo promover el bienestar general y la armonía.

Muchos de los que han expresado su gratitud han desaparecido en el olvido, y muchos de los que han expresado su gratitud se han separado hace tiempo.

No os preocupéis por recibir ayuda; vuestra responsabilidad es hacer lo que os corresponde, como un soldado en un grupo de combate. Supongamos que eres cojo y no puedes escalar el muro solo, pero puedes hacerlo con la ayuda de alguien más.

No permitas que el futuro te perturbe, ya que si es que llegas an él, llevarás consigo la misma motivación que utilizas para enfrentarte al presente.

Todas las cosas están entrelazadas y el vínculo común es sagrado, y apenas una cosa es extraña a la otra, porque se han dispuesto juntas en sus lugares y juntas forman el mismo Universo ordenado. Porque existe un solo Universo para todos, un Dios para todos, una sustancia y una ley, una razón común para todas las criaturas inteligentes y una verdad, si es que la perfección de las criaturas de la misma familia y la participación de la misma razón es una.

Todas las cosas materiales se descomponen rápidamente en la Sustancia Universal, todas las causas se integran rápidamente en la Razón Universal, y el recuerdo de todo se entierra rápidamente en la eternidad.

El mismo acto es de acuerdo con la Naturaleza y la Razón para una criatura razonable.

de pie o sostenido verticalmente.

En sus cuerpos separados, los seres razonables son similares a los varios miembros del cuerpo de los organismos individuales y están organizados en una comunidad colaborativa. Si te dices a ti mismo: "Soy un miembro del sistema formado por seres razonables", la idea de esto te vendrá más a la mente. No obstante, si te identificas como parte de alguien simplemente cambiando una letra, aún no amas a los hombres de corazón; el bien no es una alegría para ti por sí mismo; todavía lo haces como un simple deber, no como si te hicieras el bien a ti mismo.

Que cualquier evento externo que pueda verse afectado por este evento encontrará una falla, mientras que yo mismo, a menos que considere el accidente como algo negativo, no estoy todavía dañado y tengo la capacidad de no considerarlo negativo.

Estoy obligado a ser bueno, independientemente de lo que haga o diga alguien; es como si el oro, la esmeralda o la púrpura constantemente dijeran: "Cualquiera que haga o diga, estoy obligado a ser una esmeralda y mantener mi color".

El yo que dirige no provoca desorden en sí mismo; es decir, no se preocupa o (se conduce a sí mismo)[1]. No obstante, si alguien más puede preocuparlo o causarle sufrimiento, que lo haga, ya que no será él mismo, con su aprobación, quien experimente dichos sentimientos. Si el cuerpo es capaz, es importante asegurarse de no experimentar dolor; y si el espíritu vital experimenta miedo y tristeza en algún lugar, que afirme que sí; sin embargo, el que generalmente juzga sobre estos sentimientos no experimentará dolor, ya que no se apresurará a hacer un juicio apresurado. El poder gobernante considerado por sí mismo no tiene carencias, a menos que se cree carencias para sí mismo; también está libre y sin obstáculos, a menos que se moleste y se impida.

La felicidad es una buena mente o una buena familia. ¿Qué estás haciendo aquí, ser imaginario? Vaya por donde has venido, en nombre de Dios; no te necesito. Sin embargo, has llegado de acuerdo con tu costumbre anterior. Solo vete, no estoy enfadado contigo.

¿Teme un hombre el cambio? ¿Por qué, lo que puede haber sido sin cambio, es más querido o familiar para la Naturaleza Universal? ¿Puedes bañarte tú mismo, sin cambiar la leña? ¿Puedes alimentarte, sin cambiar lo que comes? ¿Puede cualquier otro servicio ser realizado sin cambios? ¿No veis que es precisamente vuestro cambio lo que es similar y necesario para la Naturaleza Universal?

¡Cuántos Crisopes, Sócrates y Epicteto han absorbido ya la Eternidad! Dejad que el mismo pensamiento os golpee en el caso de cualquier individuo u objeto, porque a través de la materia del Todo, como a través de un torrente invernal, todos los cuerpos pasan, se conectan con el Todo y cooperan con él.

Solo me preocupa que no pueda realizar algo que la constitución humana no desea, ni de la manera que no desea, ni en este momento.

Todo está a punto de ser olvidado, y también está a punto de que todos te olviden.

Si se te ocurre que los hombres son tu pariente y se equivocan por ignorancia y contra su voluntad, que en poco tiempo ambos estarán muertos, pero, sobre todo, que no te ha hecho daño, porque no ha hecho que tu autogobierno sea peor de lo que era antes, es una propiedad del hombre amar incluso a los que tropiezan.

A partir de todo su material, como la cera, la Naturaleza Universal modela ahora la figura de un caballo, y al fundirla utiliza el material para un árbol, luego para un hombre, luego para otra cosa, y cada uno subsiste por un tiempo muy breve. Sin embargo, no es difícil que una caja se rompa, como no lo fue que se clavara.

Trata de comprender este mismo punto que va en contra de la Razón: porque si incluso la conciencia de hacer el mal se ha ido, ¿qué terreno queda para vivir? El fruncido del ceño en la cara es una expresión que va en contra de la Naturaleza y, cuando se repite con frecuencia, la expresión pierde el poder de iluminarse de nuevo.

La Naturaleza ordena el Todo, y de lo material creará otras cosas, y de nuevo de sus otros materiales, para que el mundo sea siempre fresco y joven.

Cuando alguien te ofenda, piensa inmediatamente en el bien o el mal que le hizo ofender, y al ver esto, te compadecerás de él, y no sentirás sorpresa ni ira, porque tú misma sigues concibiendo o bien el mismo objeto que él para ser bueno, o otra cosa del mismo tipo; estás obligado, por tanto, an excusarlo. Si, por el contrario, ya no concibe las cosas de ese tipo como bienes o males, será más fácil

Al mismo tiempo, no os acostumbréis a sobrevalorar las cosas que estáis satisfechos de tener, para que no os preocupéis si en algún momento no están aquí; sino que pensáis en lo que falta como si ya existiera, y recordáis cómo se habrían perdido, si no hubieran estado aquí.

Retirarse en sí mismo: el gobernante razonable de sí mismo está naturalmente contento con sus propias acciones justas y la paz que así asegura.

Borre la impresión de la imaginación. Mantén el impulso que te está atrayendo. Defina el tiempo presente. Reconozca lo que le está sucediendo a usted o an otro. Divide y separa el evento en sus aspectos causales y materiales. Permanece en el pensamiento en tu última hora. Deje que el mal hecho por otro donde surgió.

Deja que tu mente entre en lo que está ocurriendo y quién lo está produciendo; dirige tu pensamiento a lo que se está diciendo.

Alégrese con sencillez, respeto propio e indiferencia a lo que existe entre la virtud y el vicio. Ama a la humanidad. Sigue a Dios. Demócrito dice: "Todos (los sensibles) se rigen por la ley, pero en realidad sólo existen los elementos". Suficiente para recordar que "todos existen por ley"; ahora hay muy poco más.[3]

La muerte puede implicar la dispersión si somos átomos o una unidad viviente, la extinción o el cambio de residencia.

Sobre el dolor: lo que no podemos soportar nos aleja de la vida, lo que perdura puede ser soportado. El entendimiento conserva su propia tranquilidad por abstracción, y el yo gobernante no se agrava; pero corresponde a las partes que se ven afectadas por el dolor, si pueden, declararlo.

Sobre la fama: ver cómo son sus mentes, lo que evitan y lo que persiguen. Y, además, así como las arenas se llevan una encima de la otra, ocultando lo que fue antes, así en nuestras vidas lo que fue antes se oculta muy rápidamente por lo que se lleva después.

¿Realmente crees que una persona con gran corazón y una visión de todos los tiempos y de toda la realidad cree que esta vida terrenal es importante?Su respuesta fue "imposible". Entonces, un hombre como él no pensará en la muerte como algo que deba temerse, ¿no es así?

Hacer el bien y ser criticado es la parte de un Rey.

Es absurdo que la expresión de un hombre obedezca y tome una forma y moda de belleza por orden de la mente, cuando la mente misma no está formada y modelada para la belleza por sí misma.

El hombre no debe enfocarse en cosas muertas.

Porque no les importa nada...

Que genere alegría tanto para los dioses eternos como para los humanos.

La vida debe rendirse a la hoz como el maíz maduro.

Y uno debe ser, mientras que otro debe dejar de ser.

Si los dioses no tuvieran en cuenta a mis hijos y a mí,

Pero hay una razón.

"Porque la justicia y el bien están conmigo".

No expreséis con ellos vuestra tristeza ni os emocionéis.

Pero debo tener una respuesta adecuada para darle, como sigue: "Hablas sin prudencia, amigo mío, si crees que un hombre que vale algo debe tener en cuenta el riesgo de vida o muerte, y no considerar sólo una cosa, cuando actúa, si hace lo correcto o lo incorrecto, las acciones de un hombre bueno o malo".

Los hombres de Atenas creen que dondequiera que un hombre ocupe un puesto creyendo que es el mejor o que está destinado por su capitán, debe permanecer allí y soportar el riesgo sin importar la muerte o cualquier otra cosa en comparación con la deshonra, según mi opinión.

Pero considere, amigo mío, si el espíritu elevado y la virtud no son otra cosa que salvar la vida y ser salvado. Tal vez un hombre que es realmente un hombre debe dejar de lado la cuestión de vivir tanto como pueda, y no amar su vida, sino encomendar estas cosas a Dios. Creyendo en el proverbio femenino de que nadie ha escapado nunca a su destino, debe considerar con eso en mente cómo puede vivir la mejor vida posible en el tiempo

Observa y observa el movimiento de las estrellas como si estuvieras corriendo con ellas, y considera constantemente los cambios que experimentan los elementos entre sí; ya que estas ideas limpian el suelo de la suciedad de la vida. Cuando se habla de la humanidad, mirad las cosas terrenales de abajo como si estuvieran en un lugar superior: herencias, ejércitos, granjas, bodas, divorcios, nacimientos, muertes, ruido de los tribunales, lugares solitarios, diversas naciones extranjeras, festivales, lutos, mercados, una mezcla de todo y un orden compuesto de contrarios.

Considerad el pasado y los múltiples cambios de generaciones; también podéis anticipar el futuro, ya que se desarrollará de la misma manera que la moda, y es imposible que el futuro salga del ritmo actual. Entonces, estudiar la vida humana durante cuarenta años no es lo mismo que estudiarla durante cien siglos. ¿Qué otra cosa observaréis?

Las partes que nacieron en la tierra regresan a la tierra.

Sin embargo, ¿qué fue lo que floreció de la semilla etérea?

Una vez más, regresa al polo celeste.

Esto es algo similar a la anulación del entrelazamiento de átomos y la ruptura de moléculas sin sentido.

con regalos de comida y bebida, así como encantamientos mágicos

Para no morir, deje de lado la corriente.

El hombre es responsable de soportar cualquier viento que sople.

De Dios, y el trabajo continúa sin sentir tristeza.

"Un hombre mejor en la batalla", pero no más sociable, más modesto, más preparado para afrontar la situación o más amable con las faltas de los vecinos.

En aquellos lugares donde se puede llevar a cabo el trabajo de acuerdo con la razón común tanto para los dioses como para los hombres, no hay razón para temer; ya que donde es posible obtener beneficio por una acción que se mueve por un camino fácil y según su constitución, no hay lesiones que sospechar.

En cualquier lugar y siempre puedes estar reverentemente satisfecho con tu situación actual, comportarte correctamente con aquellos que están presentes contigo y manejar hábilmente la impresión presente, que nada que no hayas dominado puede cruzar el umbral de tu mente.

No mires a tu alrededor a los seres gobernantes de los hombres diferentes de ti mismo, sino que sigue mirando directamente a la meta a la que te lleva la Naturaleza, la Naturaleza Universal a través de lo que te ocurre, y tu propia naturaleza a través de lo que tienes que hacer por ti mismo. Ahora cada uno debe hacer lo que se desprende de su constitución, y mientras que las otras criaturas están constituidas por el bien de los razonables (al igual que en todo lo demás los inferiores lo están por el bien de los superiores), los razonables lo están por el bien de los demás. Así pues, el fin principal de la constitución del hombre es el social; y el segundo, resistir a las pasiones del cuerpo; porque es propiedad del movimiento razonable e inteligente limitarse a sí mismo y no ser nunca empeorado por los movimientos del sentido o del impulso; pues cada uno de ellos pertenece al animal que hay en nosotros, pero el movimiento de la inteligencia se resuelve a ser soberano y a no ser dominado por esos movimientos fuera de sí. Y con razón, porque así está constituido por la naturaleza para hacer uso de ellos. El tercer fin de una constitución razonable es evitar el juicio precipitado y no ser engañado. Por lo tanto, que el gobernante se aferre an ellos y progrese en un camino recto, y posea lo que es suyo.

Emplea el resto de la balanza para vivir de ahora en adelante según la Naturaleza, como si estuvierais muertos y no hubierais vivido vuestra vida hasta el momento presente.

Ama lo que te corresponde y está destinado a ti, ¿qué más te conviene?

En cada suceso, observas an aquellos que han experimentado lo mismo y entonces se arrepintieron, se sorprendieron y se quejaron. ¿Y dónde están ahora? En ninguna parte. Entonces, ¿no dejarás los estados de ánimo de los demás an aquellos que cambian de humor y son cambiados, y usted mismo se preocupará enteramente por cómo tratarlos? Porque los tratará bien y serán materiales para usted; sólo tendrá que preocuparse por sí mismo

Si siempre profundizas, encontrarás la fuente del bien dentro de ti.

Porque debemos exigir del cuerpo en su conjunto lo que la mente exhibe en la cara, cuando la conserva inteligente y atractiva, el cuerpo debe estar compuesto, no desparramado, ya sea en movimiento o en reposo.

El arte de vivir se parece más a la lucha que a la danza en la medida en que se mantiene preparado e inquebrantable para afrontar lo que viene y lo que no ha previsto.

Deténgase en todo momento y piense en la forma en que los hombres cuyo testimonio busca obtener, así como sus principios rectores, ya que si busca en las fuentes de su juicio e impulso, no culpará a los que tropiezan involuntariamente ni invitará a su propio testimonio.

"Ningún alma está dispuesta a que le roben la verdad", dice; lo mismo ocurre con la justicia, la templanza, la bondad y otras cosas similares. Es muy necesario recordar esto continuamente, porque así serás más amable con todos los hombres.

Tened en cuenta que el dolor no es un mal y no afecta la inteligencia que dirige, ya que no la destruye, ya que el alma es razonable y social. En la mayoría de los dolores, el dicho de Epicuro debería ayudaros: "El dolor no es ni intolerable ni continuo, siempre que recuerdes sus límites y no dejes que tu imaginación lo aumente". Recuerda también que muchos sentimientos desagradables son idénticos al dolo.

Vea que los inhumanos no sienten lo mismo por la humanidad.

¿De qué manera podemos determinar que Telauges no tenía una personalidad superior a la de Sócrates? No es suficiente que Sócrates obtuviera más reconocimiento con su muerte, discutiera con más facilidad con los sofistas, pasara toda la noche helado al aire libre con mayor resistencia, pensara que era más valiente negarse cuando se le ordenó arrestar a León de Salamina y "llevara la cabeza en alto en las calles" (un rasgo que se podría cuestionar si era cierto).

Tenedlo siempre presente, y más aún que vivir la vida bienaventurada descansa en muy pocas condiciones; y no, sólo porque hayáis abandonado la esperanza de ser pensador y estudiante de la ciencia, desesperáis por ello de ser libres, modestos, sociables y obedientes a Dios; porque es posible llegar a ser un hombre enteramente divino y sin embargo, la naturaleza no lo mezcló de tal manera con el Todo compuesto que no

Vive tu vida con total felicidad, a pesar de que los demás griten lo que quieran contra ti y las criaturas salvajes hagan daño a los pobres miembros de esta masa de materia que se ha endurecido alrededor. En medio de todo esto, lo que impide a la mente preservar su propio ser en la tranquilidad, en el verdadero juicio sobre lo que le rodea y el uso astuto de lo que se le somete, para que el juicio diga lo que le corresponde: "esto es lo que

La perfección del carácter incluye esto: vivir todos los días como si fueran los últimos, no ser febril ni apático, y no actuar como si fuera una parte.

¿Acaso tú, que estás a punto de desaparecer, dejas la lucha, y que aunque eres uno de los inútiles? Los dioses, que no tienen parte en la muerte, no se preocupan porque en una eternidad tan larga se verán obligados a sufrir siempre y por entero a tantos y tan inútiles hombres; y además se ocupan de ellos de toda clase de maneras.

Es absurdo no escapar de la maldad propia, que es factible, sino escapar de la maldad de otros, que es imposible.

La facultad política y razonable concluye que no es ni inteligente ni social, y por lo tanto, decide quedarse por debajo de sí misma.

¿Por qué exige una tercera cosa, como los necios, para que se piense que ha hecho el bien o para obtener un retorno cuando ha hecho el bien y otro ha sido su objeto?

No os canséis de los beneficios que recibís por hacerlos, porque es actuar de acuerdo con la naturaleza y nadie se cansa de recibir beneficios.

Observaciones a pie de página

Este pasaje está fragmentado y carece de algunas palabras.

El texto es responsable de esto.

El texto y su interpretación son inciertos.

El texto presenta errores.

Cómo Adaptar La Meditación A La Vida Diaria

En algunos casos, el mayor obstáculo para aprender una nueva habilidad o práctica, como la meditación, es aprender an adaptarla a su rutina. Casi todos tienen días en los que incluso tomar una ducha es una tarea, y mucho menos reservar tiempo para sentarse y meditar en silencio.

Aquí aprenderá cómo adaptar su práctica de meditación a su vida ocupada, quizás cuando más la necesite. Dar las habilidades a continuación durante una semana. Considere esto como un experimento de una semana para aprender an aplicar lo que aprendiste al "mundo real". Todos los días de la semana, asegúrese de seguir estos pasos básicos.

lo que tiene que hacer

El temporizador no suena cuando termina una buena práctica de meditación. Demasiado a menudo, una vez que se detiene una sesión de meditación, solo puede tomar un momento antes de quedar atrapado en el estrés y los hábitos del día, lo que elimina muchos de los beneficios de haber practicado meditación.

La meditación debe ser vista como un proceso transformador que mejora tu vida y la de los demás.

Nuestro objetivo hoy es incorporar la meditación "fuera del cojín" en toda tu vida.

como ocurre

Puede mantener algunas de las ventajas de la meditación durante todo el día incorporando breves "consejos" o "miniprácticas" en su día. Tendrá la capacidad de aplicar algunos métodos básicos para lograr un estado meditativo breve en sus actividades diarias para lograr una calma y un enfoque duraderos.

Inspiración para la cuarta semana
Estas técnicas lo ayudarán an entrar en un estado meditativo, por rápido que sea, cuando necesite calma o creatividad en su vida. Será más fácil mantenerse enfocado y en control de su mente si medita en diferentes entornos. Tendrá la capacidad de concentrarse más en lo que le gusta hacer y las emociones impulsivas no lo afectarán tanto.

Los pasos para realizar meditación diaria
Hay seis maneras de incorporar la meditación y la atención plena en tu vida diaria. Simplemente intente al menos uno de estos al menos una vez por

semana esta semana para descubrir lo que mejor le funciona:

Meditación de tareas: simplemente agregando un elemento de enfoque, cualquier tarea repetitiva puede convertirse en una meditación. Por ejemplo, puede contar sus respiraciones mientras limpia los mostradores, dobla la ropa o limpia las ventanas. Funciona bien cualquier tarea que sea automatizada y no requiera la toma de decisiones mientras se realiza. Tómese un momento para concentrarse.

Meditación mientras caminas: conecta tu respiración con tus pasos. La meditación caminando, que fue popularizada por el monje vietnamita Thich Nhat Hanh, requiere dar un gran paso con cada respiración. Caminar lentamente para meditar puede ser muy efectivo. Si no tiene tiempo o lugar para caminar despacio, simplemente respire cada dos o tres pasos mientras camina por el pasillo, a través de un estacionamiento o en una tienda.

Ejercicio Meditación: Concentre su energía psicológica en su cuerpo durante el ejercicio. Imagina tensar y relajar tus músculos. Siente cómo tu cuerpo se adapta a tus movimientos con dignidad. Quédate impresionado por su resultado. Aún mejor, intente un programa de ejercicios centrados en la respiración y la atención plena, como el tai chi o el yoga.

En cualquier momento del día, puede estar en estado meditativo tomando dos respiraciones conscientes básicas. Tome dos respiraciones antes de llamar, responder un correo electrónico o conducir. En medio de un día ocupado o difícil, cuando realmente lo necesitas, esta es una buena forma de incorporar la meditación a tu día decenas de veces.

Recomendación de sonido: elija un sonido particular y respire dos veces cada vez que lo escuche. Los monjes generalmente lo hacían cuando escuchaban las campanas del templo. Selecte un sonido que suene con frecuencia. Cada vez que escuche el teléfono móvil de otra persona, por ejemplo, podría tomarse un descanso de cinco segundos en su pensamiento.

Las transiciones son momentos en los que uno pasa de un entorno an otro. Por ejemplo, regresar a casa del trabajo es un cambio de tu yo profesional a tu yo personal. Puede cambiar an un estilo de vida completamente diferente al asistir a algunas conferencias. Además, puede haber un cambio en la hora del almuerzo. Cada vez que cruzaban un límite y pasaban de un lugar al otro, los monjes solían hacer un breve descanso. Elija algunas transiciones en su vida diaria, como entrar en su automóvil, caminar hacia su oficina y abrir la puerta de su casa, y tome una pausa para meditar cinco segundos antes de volver a su nuevo entorno. Quizás incluso tenga que abrir un programa específico o revisar su correo electrónico.

No se deje llevar por la tentación de reemplazar estas actividades por la meditación diaria. Debe mantener la costumbre de sentarse y concentrarse todos los días. Si tiene una rutina, podrá usar estas prácticas de manera efectiva. Al sentarte y concentrarte, literalmente haces crecer tus "músculos de meditación". Las nuevas aplicaciones buscan usar esa nueva fuerza para mejorar su vida.

Para comenzar, intente elegir actividades que pueda hacer cuando esté solo. Es difícil tomar dos respiraciones conscientes mientras hablas con alguien, o incluso cuando estás en un lugar donde otras personas te pueden ver. Su automóvil es una buena ubicación para un poco de privacidad. También son buenos momentos para meditar mientras lava la ropa o trabaja en la computadora de su casa.

Mira un libro de anatomía y diviértete con tu cuerpo. Podría hacer un "ejercicio de meditación" que se concentre en cualquier actividad física que esté realizando durante el día. Puedes caminar, escribir o subir las escaleras. Imagina el funcionamiento de los nervios y los músculos. Admira tu cuerpo.

Desarrolle una práctica de atención plena si desea hacer más. La idea básica de la atención plena es ser consciente de lo que sea que estés haciendo. Una acción automatizada es lo opuesto a la atención plena. Selecte una actividad que realiza con frecuencia durante el día, como abrir una puerta.

¿Es posible conocerse abriendo la puerta cada vez? ¿Realmente estás presente cuando abres la puerta? ¿Estás consciente de que tu mano está en la puerta, que la puerta se abre, que tu cuerpo cruza y que la puerta se cierra detrás de ti? ¿O es un proceso automatizado que no tiene conocimiento humano?

Elige algo que haga con frecuencia y intente familiarizarse con usted mismo haciéndolo cada vez para mejorar sus habilidades de atención plena. Parece mucho más difícil de lo que es y requiere experiencia.

Precaución Cuando Medita

La meditación está abriendo caminos que antes estaban cerrados. Por lo tanto, la autoobservación se realizará con mayor cuidado hasta comprender qué sucede realmente cuando experimentamos una nueva experiencia o circunstancia, ya que podría ser causada por nuestro psiquismo, que generalmente se desarrolla al comenzar. a meditar con frecuencia.

Aunque es difícil mantenerse concentrado durante un minuto, es necesario practicar la meditación, que es un acto de concentración prolongada.

Descubriremos la realidad del alma como una certeza mediante la meditación.

El objetivo de la meditación es que el ser humano se identifique con su alma en lugar de simplemente con los medios externos inferiores de la personalidad.

Debido an esto, debemos creer que estamos preparados para meditar. La mayoría de nosotros no creemos que somos más inteligentes, avanzados y equipados. El simple deseo de meditar es una señal de progreso.

En medio de la multitud, el alma se puede llamar. La vida centrada en el pensamiento es la base de la verdadera concentración. El primer paso es planificar la vida diaria y sus actividades.

de manera mental. Por lo tanto, podremos controlar y dominar nuestros deseos mientras trasladamos la atención del chakra de los deseos al chakra del corazón. En nuestra vida diaria, podemos encontrar un lugar de paz dentro de nosotros mismos sin retirarnos a la soledad. Este lugar de tranquilidad en nuestra mente es donde el alma y el

cuerpo en unión...

En la meditación, entendemos la mente como el sexto sentido que domina los otros cinco. Toda la conciencia y la capacidad de percepción del estudiante se condensan en la cabeza y se dirigen hacia el interior y hacia arriba. Lo verificamos de esta manera:

1. La conciencia física y convencional de los cinco sentidos se encuentra en un estado de sueño momentáneo. El hombre solo percibe con la mente, y lo único activo en el plano físico es la conciencia.

2. La persona se concentra en el punto entre la glándula pineal y el medio de la frente.

Cuando se utiliza con frecuencia este proceso, concentrándose con facilidad en la cabeza, los cinco sentidos se combinan de manera constante con el sexto, la mente, que es quien coordina. Luego nos damos cuenta de que el alma desempeña una función similar. Por lo tanto, la triple personalidad tiene una comunicación directa con el alma y el cerebro recibe una impresión del alma a través de la mente. El cerebro debe estar en espera positiva para todas las reacciones inhibidas del mundo exterior. Este es un breve resumen de cómo se medita.

Por último, pero no menos importante, recordemos que la meditación es un acto interno y funciona solo cuando el cuerpo está relajado, en la posición adecuada y luego se olvida. La respiración debe ser rítmica, regular y tranquila. Luego separamos completamente nuestro pensamiento del cuerpo y comenzamos a concentrarnos. La verdadera meditación se logra cuando se puede mantener durante doce segundos sin interrupción de pensamientos ni emociones.

El pensador pasará del mundo exterior, donde se encuentran los fenómenos, al mundo interior, donde se encuentra la realidad divina, siguiendo las instrucciones anteriores.

Según los científicos, todo es energía y estamos sumergidos en ella, circulando y actuando en nosotros. Por lo tanto, el ser humano trabaja con la energía porque todo es energía.

La regla básica de la meditación es que "la energía sigue al pensamiento".

El estudiante de meditación debe tener en cuenta que está trabajando con energías que difieren y no siempre son iguales, y que estas energías tienen un impacto específico en las energías de las que somos compuestos.

La necesidad de proceder despacio y con cuidado es recomendada por todos los instructores inteligentes de meditación.

El discernimiento es esencial.

Es fundamental poner en contacto el cerebro físico con los fenómenos del mundo espiritual. Entonces, debemos aprender a distinguir las energías.

Algunos estudiantes interpretan mal constantemente los fenómenos de la mente inferior, como cuando tienen un encuentro maravilloso con Jesucristo o algún Ser destacado que se les aparece cuando meditan y les sonríe y les dice: "Eres bien decido, estás progresando mucho, estoy orgulloso de ti, eres uno de los elegidos y se te revelará la verdad".

Alternativamente, algo similar y también pretencioso.

¿Qué sucedió realmente?

¿Realmente vio el estudiante a Cristo o a la gran Alma?

Es importante recordar que los pensamientos son cosas y que

Cada pensamiento se transforma.

Si ha ocurrido, es debido a dos posibilidades que explicaré a continuación, y no an una gran imaginación de la persona.

Ahora comienza a manifestarse el poder de la imaginación creadora amplia, lo que nos permite percibir lo que deseamos, incluso si no está presente. El estudiante se vio obligado a despertar o ser consciente en el plano psíquico, de las imaginaciones vanas, de los deseos, debido a su gran deseo de progreso espiritual y su gran espíritu y dedicación.

y de los sueños que se vuelven realidad. Contacta con una forma mental de Cristo o de alguna Gran Alma en este plano mental. Estas formas mentales han sido construidas por los pensamientos amorosos de los hombres durante siglos y están presentes en el mundo de la ilusión (mâyâ). La persona entra en contacto con esta forma mental a través de su naturaleza psíquica (hay muchos Cristos con estas formas mentales), la integra con la realidad y la imagina diciendo lo que quiere que diga. El estudiante desea recibir aliento, al igual que la mayoría de las personas que intentan justificar el fenómeno, lo que lo lleva a relajarse y entrar en un estado psíquico y negativo. En tal estado, su imaginación comienza an actuar y lo confunde, porque solo ve lo que quiere ver y oye palabras bonitas de reconocimiento, que es lo que desea.

No se le ocurre al estudiante pensar que las Grandes Almas, Guías e Instructores de la humanidad se ocupan de asuntos colectivos y en el entrenamiento de pensadores avanzados y líderes de la humanidad, a través de los cuales actúan, para dedicarse a los estudiantes principiantes, a quienes pueden enseñar seres menos evolucionados que estas Grandes Almas.

No les viene a la mente que si el estudiante fuera lo suficientemente avanzado y desarrollado como para merecer esa reunión, el maestro no desperdiciaría su tiempo hablando con él y exagerando su vanidad, sino que aprovecharía su tiempo para señalarle alguna debilidad que debe corregir o para iniciar una obra importante.

Igualmente, es posible que una energía o entidad se comunique con el estudiante mientras medita y le explique una obra importante para la que fue seleccionado, como un mensaje para compartir con el mundo, o un gran invento, siempre y cuando el estudiante sea bueno. Se cree inmediatamente un profeta y se prepara para cumplir su misión divina. Estas son ilusiones. Si la mente discernidora no está alerta o si tenemos aspiraciones de sobresalir espiritualmente y sufrimos un complejo de inferioridad que debemos superar, todos corremos el mismo peligro de engañarnos de la misma manera cuando empezamos a meditar.

Cuando una persona establece un verdadero contacto con su alma, pero se deslumbra ante el brillo y la fuerza de la visión, es posible que se produzca otra interpretación errónea. Se pierde la cabeza y no está a la altura de las circunstancias. Y la razón es que necesita purificar su cuerpo más. Hay aspectos de su vida donde la luz no puede brillar, como su deseo de fama, ambición y poder. Todavía no son almas activas. Cuando tienen una visión, se derrumban porque no pueden ver su personalidad como es.

Imaginemos una fuente muy sucia llena de barro, aceite requemado, etc., y luego vertemos agua mineral limpia y pura sobre ella. Claramente, el agua se ensucia cuando llega a la fuente y cuando la vemos en el recipiente, no es la misma que antes. Después de lo mencionado, es necesario purificar los cuerpos que conforman la personalidad (físico, astral y mental) para recibir correctamente la información del alma. Si, por ejemplo, nuestra mente tiene un defecto de vanidad, actuará como el barro o el aceite de la fuente, ensuciando el agua (la información o energía de nuestra alma), lo que lo hará algo impuro. Y esto se debe a que nuestros automóviles no son impecables.

Es completamente inaceptable que unos prioricen an otros, ya que todos somos idénticos y la única diferencia radica en que algunos han experimentado y aprendido más que otros, y nosotros seguiremos su camino y alcanzaremos su posición actual. Es una cuestión de tiempo, pero en esencia somos iguales, no hay una mónada superior an otra, nuestras potencialidades son las mismas y todos poseemos una naturaleza búdica esperando a realizarse.

Los canales

Las canalizaciones o escritos son una inspiración para este tema muy actual. Se trata de que muchos hombres y

mujeres practican la escritura automática, inspirada y profética, y luego divulgan los resultados al público.
Estos escritos tienen características que pueden explicarse de varias maneras. Hay una variedad de fuentes internas. Son similares.

Aunque no dicen nada nuevo, hablan de amor. Sin embargo, el lector puede experimentar esta información por primera vez, lo que lo sorprenderá. Se dará cuenta si investiga y estudia que no son fuentes originales de sabiduría. Hay muchas ideas místicas en ellos. Algunas profecías son generalmente terribles y rara vez favorables. Y aumentan significativamente la autoestima de los comunicadores, quienes creen ser elegidos.
En general, y afortunadamente, estos escritos no tienen ningún efecto dañino. Son una cantidad considerable, excesiva. Algunos son realmente dañinos y

anuncian grandes desastres, fomentando la propagación del miedo.

En general, podemos clasificar estos escritos en dos categorías:

En primer lugar, se presentan los escritos de individuos sensibles que tienen una conexión mental con los anhelos, anhelos e ideas de los místicos de todas las épocas o de los creados en la actualidad. Además, pueden conectarse con los miedos históricos o actuales. Entienden esto y lo escriben. Luego lo divulgan.

La interpretación de las religiones organizadas ha generado una mentalidad de exclusivismo y separatismo de algunos elegidos, lo que ha llevado a la creación de textos que afirman que aquellos que siguen ciertas religiones serán salvos, mientras que aquellos que no, una idea absurda que causa mucho sufrimiento y calamidades para la humanidad.

Segundo, el conocimiento que el escritor ha acumulado a través de lecturas, estudios, reflexiones, relaciones, etc., proviene de su subconsciente. Su mente almacenó una gran cantidad de información que no se dio cuenta durante muchos años. Empieza a meditar y todo el conocimiento que había estado en el subconsciente, en el fondo de su mente, emerge. Y comienza an escribir con regularidad.

Existe una variedad de razones por las que cree que esas ideas provienen de un líder humano; puede ser debido an amigos, doctrinas de la nueva era, etc. Además, su orgullo puede

teniendo en cuenta que es un canal elegido por Cristo, por ejemplo. Se ha demostrado que entregarse an uno mismo o nuestra mano a cualquier energía o entidad que intente comunicarse presenta graves riesgos y ha llevado a muchas personas a los hospitales psiquiátricos o a que se les haya liberado con gran dificultad de obsesiones e ideas persistentes que se han arraigado en la mente.

Habían arraigado en sus pensamientos.

Entonces, surge la cuestión: ¿cómo podemos diferenciar los escritos inspirados de un verdadero conocedor de la gran cantidad de escritos que afirman ser inspirados sin serlo?

Los verdaderamente inspirados deberán tener los siguientes rasgos:

– No incluirán referencias personales.

No surgirán sentimientos de odio ni disparidades raciales, sino que prevalecerán el amor y la comprensión.

Transmitirán información específica en lugar de rumores.

Nuestra intuición será la base de su autoridad.

Se ajustará al mundo.

En primer lugar, se basará en la sabiduría divina y ayudará a la humanidad an avanzar un paso más en su desarrollo.

Los escritores de este tipo de enseñanza comprenderán completamente la mecánica del proceso. Serán competentes en la técnica, podrán evitar la ilusión identificando las personalidades involucradas y tendrán una comprensión práctica del mecanismo utilizado. Serán capaces de recibir las enseñanzas de los líderes humanos y se familiarizarán con todo lo relacionado con ellos.

Los que verdaderamente sirven a la humanidad y entran en contacto con el mundo del alma a través de la meditación:

No se preocupan por dar explicaciones generales, no tienen tiempo para cosas inútiles, no les importa la opinión positiva de nadie, sino solo la aprobación de su propia alma, y solo se preocupan por ayudar al progreso del mundo.

El odio, el separatismo y el miedo no aumentarán.

A donde vayan, ayudarán a fomentar el amor.

Enseñarán el concepto de unidad y fraternidad universal en lugar de sistemas de creencias que excluyan an unos y marginen al resto.

Reconocerán a todos como iguales.

Explicarán la verdad sin categorizar, excluyendo an aquellos que tienen una perspectiva diferente de la ley.

Cuando un verdadero estudiante de meditación entra en contacto con su alma, se hace uno con la realidad y accede an un estado de conciencia de grupo, rompiendo cualquier obstáculo que pueda separar an unos seres humanos de otros, todos somos uno.

Se dedicarán a trabajar en el contexto de las causas, proclamando valores y buscando enseñar la personalidad de las personas, sin enfocarse en las opiniones. El planeta está plagado de objetos destructivos que fomentan la animosidad actual entre las personas y fortalecen las barreras entre razas, grupos, ricos y pobres.

Hay otros tipos de ilusiones. El primer mundo que encuentra el estudiante es el mundo psíquico, el mundo de la ilusión. Siempre que tengamos claras las ideas de amor e impersonalidad como guías y todos los contactos se sometan a nuestra mente discriminatoria y a nuestro fuerte sentido común, esto es útil y penetrar en él es interesante. Dado lo maravilloso de la fenomenología psíquica, el riesgo radica en la fascinación que nos puede llevar an anclarnos y quedarnos en este mundo psíquico y no avanzar en nuestro progreso espiritual.

No debemos perder nunca el sentido del humor; no tomarnos las cosas demasiado en serio nos ayudará a mantener una cierta distancia que nos permitirá seguir hollando nuestro camino con cierta garra de no perder el norte, relativizar un poco todo y tomarlo con calma. La seguridad que necesitamos y que nos resulta tan difícil de obtener, el tiempo nos la proporcionará.

Evitaré la personalidad y el orgullo, ya que no tienen lugar en la vida del alma, la cual está regida por principios y por la ley del amor hacia todos los seres. Para quien estudia la meditación, no hay peligro de desvío ni retraso cuando se desarrollan estas cualidades. Y penetrar en

En el mundo del alma, tanto la perseverancia como la paciencia son esenciales.

El estudiante de meditación experimenta sobreestímulo y recibe una gran cantidad de energía que no sabe cómo manejar.
La sobreestimulación emocional es otro riesgo potencial para la meditación. La meditación aumenta el flujo de energía en la vida del meditador, lo que tiende an aumentar tanto sus cualidades positivas como negativas, trayéndolas del interior al exterior para que las percibimos nítidamente y veamos qué es lo que debemos purificar y hacerlo. Cada meditador es responsable de hacer uso de esta gran cantidad de energía. Es responsabilidad de nosotros mismos descubrir nuestras debilidades emocionales y trabajar para mantener nuestra atención en el plano mental, lo que nos permitirá alcanzar la armonía.

El meditador debe avanzar lentamente y con cuidado. Todo lo que vale la pena en la vida requiere tiempo y esfuerzo, como la meditación. Los resultados obtenidos de esta manera serán más duraderos que los obtenidos bajo la presión de obtener un éxito rápido. El practicante meditará regularmente. Es mejor y más seguro tener veinte minutos al día que cuatro horas seguidas un día al mes.

La vida de servicio es sin duda nuestra mejor protección. La medición produce energía e inspiración. Si no se comunica de alguna manera de servicio (la que más nos guste y con la que nos sintamos más identificados), puede haber congestión o sobreestimulación.

La sobreestimulación puede causar inquietud, ganas de llorar, momentos con mucha actividad, donde se corre de un lugar an otro, se hace muchas cosas, se escribe, se habla, se trabaja mucho, incluso con reacciones violentas y nerviosismo. Después de meditar, algunas personas experimentan dolor de cabeza, molestias en la frente o en la garganta. Algunos afirman que tienen problemas para dormir. En realidad, están excesivamente excitados.

El estudiante ansioso se convierte en un obstáculo y una dificultad. Las prisas no son una buena consejera. Todo tiene su tiempo, incluso la meditación. Es necesario meditar de inmediato, sin apresurarse an obtener los resultados deseados, ya que estamos conscientes de que nuestra práctica meditativa traerá muchos beneficios tanto para nosotros mismos como para la sociedad en su conjunto. No es necesario preocuparse por si obtuvimos o no los resultados deseados.

Es imperativo seguir las instrucciones y advertencias.

Se suspenderá momentáneamente la práctica de la meditación o se practicará con más lentitud cuando se presente alguna de estas dificultades.

Observaremos y descubriremos hacia dónde va la energía entrante en nuestro cuerpo si la situación no es muy grave para justificar el cese completo de la meditación. La energía que extraemos durante la meditación se dirige an una parte específica del mecanismo.

En aquellos individuos mentales o aquellos que tienen la costumbre de concentrar su atención en su cabeza, el exceso de estímulo puede causar una sobreestimulación de las células cerebrales, lo que puede causar dolores de cabeza, insomnio y vibraciones entre los ojos o en la parte superior de la cabeza. En otras situaciones, se puede percibir una luz cegadora que parece un relámpago o un destello de electricidad, que se puede ver con los ojos cerrados y abiertos.

Hasta que las células del cerebro se hayan adaptado al nuevo ritmo y al estímulo creciente, reduciremos la meditación ocultista de quince a cinco minutos. Si se siguen los consejos, no hay problemas; sin embargo, si el estudiante no los sigue y insiste en la meditación o prolonga el tiempo, se expone a problemas. Es necesario ser consciente y actuar de acuerdo con el sentido común para disminuir el tiempo y la práctica, lo que nos permitirá regresar rápidamente a la normalidad. Posteriormente, podemos realizar esta meditación una hora, media hora o lo que consideremos adecuado cada día.

El plexo solar es el primer lugar donde las personas emocionales experimentan dificultades. El estudiante puede estar enojado, ansioso y preocupado. Y

Las mujeres son propensas a llorar y sentir náuseas, ya que existe una fuerte conexión entre las emociones y el estómago, lo que provoca vómitos en ocasiones al sentir miedo o emociones intensas.

Como en otros casos, la solución se obtiene empleando el sentido común, realizando la práctica con mayor cuidado y con menos tiempo. Hay personas que se vuelven excesivamente sensibles como resultado del sobreestímulo. Los sentidos se esfuerzan demasiado y sus respuestas son más

fuertes. Están completamente abiertas y aceptan los sentimientos y pensamientos de los demás. En este caso, su solución no es reducir la cantidad de tiempo que dedica a la meditación; en cambio, debe enfocarse en la vida y sus problemas y realizar un trabajo mental intenso. Interesarse por la vida de manera más mental, el mundo de las ideas, temas que fomenten la capacidad mental y la
de vivir con la mente en lugar de las emociones.

Los maestros prudentes solo enseñan meditación si está acompañada de algún curso de lectura o estudio para mantener el equilibrio de sus estudiantes.

Siempre es necesario el desarrollo íntegro, y la mente entrenada debe desarrollarse también en la vida espiritual.

Existe una tercera posibilidad de sobreestimulación indeseable, la cual es que se puede fomentar de manera exagerada la vida sexual, lo que puede generar diversos problemas.

En los casos, se ha observado que algunos estudiantes aún tenían una naturaleza animal muy poderosa, con una vida sexual activa y desordenada. Aunque controlaban su parte física, su mente estaba dominada por sus pensamientos sexuales.

Algunas personas experimentan muchos problemas mentales con respecto al sexo, y aquellos que creen que llevar una vida sexual anormal o practicar perversiones son incorrectos, se ocupan mentalmente del sexo y siempre discuten sobre él en todo momento, lo que le permite ocupar un lugar muy importante y extraño en su actividad mental.

Además, hay individuos que piensan que el celibato debe acompañar siempre la vida espiritual.

Una persona puede tener altas aspiraciones espirituales pero al mismo tiempo mostrar aspectos de su personalidad que no están controlados. Todo el sistema sexual se estimula por la energía que afluye durante la meditación. Siempre se fomenta el punto débil del individuo, especialmente el sistema sexual, ya que se le da una sobreestimulación.

La solución es el control de la actividad mental y la transformación. Se trataría de desarrollar una intensa curiosidad e interés mental en una dirección diferente al sexo. La energía sigue al pensamiento, como sabemos.

En mi opinión, no es necesario "matar" o destruir la energía sexual cuando nos cubre, invade o toma control de nosotros... A menos que se necesite para la procreación o para satisfacer los instintos sexua- les con sentido común (o sea, con una pareja y dentro de un orden, respetándose con libertad el libre albedrío de cada uno), se debe dirigirla an otro lugar que no sea el sexo. Es necesario enfocarla en la creación literaria, artística o en actividades colectivas, ya que es una energía creadora.

Meditación sobre los chakras o centros energéticos

En los cursos o reuniones para desarrollar la mediumnidad, este tema de la meditación sobre los chakras a menudo surge. Se les enseña a meditar sobre el plexo solar o el cardíaco, nunca sobre el coronario.

La base de la meditación sobre un chakra es que la energía sigue al pensamiento y lleva directamente an estimular ese chakra, manifestando sus características particulares. Sin embargo, debido a que la mayoría de las personas actúan principalmente a través de las energías acumuladas debajo del diafragma (la energía emocional y sexual), su estímulo es extremadamente peligroso.

La sabiduría oriental recomienda centrarse en el chakra del entrecejo y controlar los aspectos del yo inferior al llevar nuestra vida diaria.

La importancia del sentido común debe ser discutida en este momento. El estudiante de meditación desarrollará un fuerte sentido común y de proporción, así como las precauciones adecuadas. De esta manera, se recomienda que uno se conozca a sí mismo.

Avanzar lentamente y con cuidado.

Investigar cómo la meditación afecta nuestra vida.

Siempre debemos recordar que la eternidad es "eterna", es importante usar la redundancia y que lo que se construye lentamente no dura para siempre.

– Regularidad.

Entender que los efectos espirituales verdaderos se experimentan en la vida de servicio exotérico y no en los poderes mentales ni en otros temas.

Recordar que los poderes psíquicos no indican el éxito de la meditación.

En realidad, los demás percibirán los efectos mejor que el pro-pio estudiante.

En conclusión, rechazo completamente cualquier tipo de práctica relacionada con el Espiritismo.

También quiero decir que las meditaciones guiadas deben tener en cuenta la gran influencia de quien las dirige, influyendo en su mente, vibración, estado emocional, etc. Siempre debemos recordarlo y actuar en consecuencia.

Los sonidos del interior

Podemos experimentar sonidos de interiores místicos (anahata) mientras meditamos profundamente. La práctica constante del pranayama purifica los nadis, o canales psíquicos de los nervios, cuando se escuchan. El sonido de una campana, una flauta, el sonido de una caracola soplando, el zumbido de una abeja, etc. Si tapamos ambas orejas, escucharemos estos sonidos con más nitidez.

Travel Astral

Hoy en día, este es un tema muy recurrente.

Al meditar, podemos experimentar una sensación extraña, como si estuviéramos apartados de nuestro cuerpo físico. En ese momento percibimos el cuerpo astral, algo mágico, fascinante e instructivo. Unas personas experimentan esta experiencia con alegría, otras con tristeza y la mayoría la vive como una combinación de ambas. Es una experiencia única experimentar una conciencia libre, sin restricciones físicas, y sentir la nitidez y ligereza del cuerpo astral.

Una vez que se descubre una experiencia, es lógico que surja un fuerte deseo de repetirla. La sensación de libertad nos da la sensación de tener un cuerpo nuevo, sin desarrollo, como si fuéramos un bebé con su cuerpo físico.

La experiencia surgirá sin obligación; llegará cuando tenga que llegar y se disfrutará naturalmente. Sí, quiero decir que todo se desarrolla con la práctica y la experiencia, y cuando dominemos esto, nos desidentificaremos del cuerpo físico porque sabemos, conocemos y hemos experimentado que tenemos otro cuerpo, el cuerpo astral, además del cuerpo físico. Somos más que nuestro cuerpo físico, no porque lo hayamos aprendido o escuchado, sino porque lo hemos vivido nosotros mismos, y no solo por casualidad, sino porque podemos hacerlo a nuestra voluntad.

¿Qué preguntas frecuentes tiene una persona al querer comenzar a meditar?

1) ¿Cuál es la definición de meditación?

La meditación nos ayuda an encontrar un estado de equilibrio. Es considerado un estado mental de conciencia que se expande y beneficia mucho an una persona en términos espirituales, físicos y mentales.

2) ¿Por qué es crucial meditar?

Una de las razones es porque es un proceso que trabaja en múltiples dimensiones y tiene un impacto significativo en la vida de una persona, como el balance, la consciencia de sí mismo, el despertar espiritual y el autosanamiento. Disminuye el estrés y la ansiedad, que es uno de sus mayores beneficios.

¿Cuánto tiempo se requiere para meditar?

Para un principiante, es recomendable comenzar con 2 minutos al día. A medida que aprendas a practicar, puedes aumentar el tiempo según te sientas más cómodo. Enfocarse en la experiencia, prestar atención y observar cómo te sientes es crucial.

¿Cuál es la frecuencia con la que se puede realizar la meditación?

Cuando eres un principiante, se recomienda hacerlo una vez al día. Puede aumentar la cantidad de sesiones y la duración de cada sesión si practica regularmente, asegurándose de que sea natural y sin esfuerzo.

¿Es necesario meditar durante años para sentir los beneficios?

Muchas personas que inician pueden experimentar los beneficios a partir de la primera vez que lo hacen, así como otras personas que sienten que necesitan trabajar más para sentir los beneficios; esto depende más de tu disposición y energía con que lo hagas. No es necesario que lo practiques por años.

6) ¿Es más conveniente meditar en grupo o por separado?
La meditación es un acto de introspección individual, pero es altamente recomendable hacerla en grupo. Por un lado, porque el otro amplía y complementa mi propia elevación de energía a nivel energético.

Sin embargo, el condicionamiento positivo se obtiene mediante un pacto implícito de mantener las reglas de inmovilidad y silencio durante toda la sesión. En pocas palabras, cuando meditamos en grupo, es más difícil autoboicotearnos.

¿Es posible considerar la meditación como una religión?
No, la meditación no es una religión porque es una práctica que practican muchas religiones, pero cada una tiene una motivación diferente para hacerlo. De la misma manera que las personas de una religión lo practican, también lo hacen otras personas que no necesariamente son más religiosas o espirituales. La religión usa la meditación como una herramienta, pero la meditación no utiliza la religión para lograr su objetivo.

8) ¿Es apropiado que los niños practiquen meditación?
Algunos expertos sostienen que una tendencia importante es inculcar a los

niños de esta generación la práctica de la meditación, el autocontrol de las emociones y que tengan la oportunidad de conocer la paz y la serenidad, con el fin de crear una sociedad menos violenta, gobiernos no corruptos y ciudadanos plenos que dependan de su estado mental en lugar de los factores externos.

9) ¿Se requiere una posición específica para meditar?
No, cualquier persona puede meditar simplemente sentándose con la espalda erguida en el suelo o en una silla, donde se sienta más cómodo, y dedicar al menos dos minutos a hacerlo.

¿Puedo acostarme mientras medito? (10)
La mejor posición para principiantes es estar sentado. Sin embargo, las personas que meditan sentados son avanzadas y

pueden hacerlo por largos períodos de tiempo. El problema de acostarse cuando eres nuevo es que la relajación puede hacerte dormir mientras que al estar sentado puedes mantenerte alerta y despierto.

¿Por qué algunas posiciones son superiores an otras?
Sí, hay posiciones para meditar, pero las posiciones varían según lo que queremos trabajar o lograr. Cuando inician, algunas personas pueden estar solo sentados, mientras que otras pueden realizar posturas acompañadas de mantras que buscan alcanzar un nivel más amplio de consciencia y energía.

¿Cuál es la definición de absorción?
La absorción es la experiencia de sentirse ausente, que es un nivel de consciencia al que se accede, y tiene varios niveles y nombres. Recuerde que

mostrar agradecimiento puede ayudarlo a despertar y celebrar cuando se siente ausente.

¿Es posible que pueda descansar mientras hago otras tareas?
De lo contrario, puede distraerse y no lograr meditar, por lo que la meditación solo debe realizarse sin hacer otra cosa.

¿Es posible que pueda meditar después de cenar?
Después de despertar, es mejor meditar con el estómago vacío. Cuando meditamos, a veces el proceso de digestión puede distraernos o las sensaciones pueden emocionarnos o hacernos sentir incómodos.

¿Tengo que buscar un maestro?
Después de pasar tiempo meditando por su cuenta por dos minutos o más, puede buscar un maestro que le enseñe otras

técnicas. Aunque un maestro no es necesario para meditar, puede ayudarlo an alcanzar un nuevo nivel.

¿Cómo puedo saber si estoy meditando correctamente?

Es fundamental recordar que no hay meditaciones buenas o malas una vez que se han adoptado los elementos fundamentales de la meditación. Como parte de la experiencia meditativa, incorporamos lo que viene como parte de nuestro presente. "Bueno" o "malo" están sujetos a calificaciones y juicios egoístas que provienen de la mente del juez en lugar del testigo que observa.

¿Me hará sentir solo debido a la meditación?

Poco a poco, a medida que medimos, llegamos a una realidad sutil en la que apreciamos la belleza y el significado de las pequeñas cosas que nutren nuestro día a día. Y esto incluye a las personas a nuestro alrededor. Meditar, en lugar de isolarnos, nos ayuda a darle sentido a las relaciones que establecemos, otorgándoles una connotación más profunda y profunda.

(18) ¿Los mantras son efectivos?
Si, los mantras ayudan, pero simplemente diciéndolos no es suficiente porque debe sentir las afirmaciones de los mantras que dice, que es lo que creará el balance esencial de alerta y expansión.

(19) ¿Por qué de vez en cuando me quedo dormido mientras medito?
Cuando esto sucede, déjate llevar porque esta experiencia ocurrirá, pero podrás llegar an un punto donde puedas estar consciente de que estás dormido, lo que también te llevará an un estado de alerta y serenidad. En ocasiones, la mente se

confunde y no sabe si está despierta, volviéndose an algo muy parecido a los estados de meditación profundos pero en un contexto diferente. Cuando te levantas de este sueño, generalmente te levantas completamente pleno.

¿Qué significa la energía Kundalini?
La energía kundalini se encuentra en nuestra columna vertebral y cambia con la práctica de esta técnica. Esta técnica no es recomendada para principiantes y requiere un maestro.

¿Cuál es el significado de los chakras?
Los chakras, también conocidos como vórtices, son círculos energéticos que se encuentran en diferentes partes de nuestro cuerpo. Dado que la energía de los chakras puede permitir que todos se integren a través de ella, se recomienda que alguien aumente su nivel y practique kundalini.

¿Cuál es la distinción entre la atención plena y la meditación?

La atención plena es una forma de meditación que se encuentra tanto en el budismo como en el hinduismo. La técnica inicial de meditación, conocida como "shamata" en sánscrito o "shiné" en tibetano, es la que se enseña antes de avanzar hacia prácticas más complejas.

¿Son célibe las personas que realizan la meditación?

No, esto no está relacionado con avanzar en un camino espiritual o meditación.

¿Es normal sentirse nervioso mientras medita?

Los estados de inquietud, desconcierto y ansiedad pueden ser causados por el silencio y la inmovilidad. Esto surge de un estado inconsciente de amenaza, por lo que su trascendencia pasa por concentrarnos en el ciclo de respiración, respirando más profundamente si lo sentimos necesario. Contar seis segundos para la inspiración y seis segundos para la expiración es una técnica muy efectiva para calmarse.

¿De qué manera puedo abrir mis chakras?

Principalmente, es crucial no intentarlo porque si, ya que estará obligado an un proceso para el que puede que no esté preparado. Recuerde mantener un ritmo constante y buscar un maestro que pueda ayudarlo a determinar su nivel de meditación y si realmente está preparado para ella. Intentarlo o hacerlo sin estar preparado puede ser contraproducente y obstaculizar su progreso.

¿Es posible obtener trucos para avanzar?

No, la meditación se trata de disciplina, constancia y autoconocimiento. Recuerde que esto no es una carrera de ningún tipo, sino una práctica de autodescubrimiento gradual que depende de usted, y que no hay una clave específica que pueda ayudarlo. Lo que funciona con una persona puede no funcionar con otra, y esto al final es autodescubrimiento. Evite recurrir a personas que te aconsejen abrir sus chakras o te prometan que los procesos se acelerarán porque no existen.

¿Por qué no puedo mantener en silencio mi mente mientras reflexiono?
Recuerde que la mente siempre está presente, y deben trabajar para dominarla. Los mantras y la respiración pueden ayudarlo a dominarla, pero dependerá de lo que experimente. Se recomienda que se trabaje mucho en las

técnicas de respiración para un principiante.

Meditación Sobre La Atención Para El Sueño

¿Es incapaz de conciliar el sueño al acostarse o de despertarse varias veces durante la noche? La meditación de atención plena es un tratamiento efectivo para los trastornos del sueño. Suele ser difícil dormir profundamente y reparador. Sin embargo, la meditación de atención plena puede ser la clave para resolver el insomnio.

La meditación de atención plena es una antigua práctica que proviene del budismo y tenía como objetivo aliviar el sufrimiento. En los países occidentales, esta práctica meditativa ha experimentado un crecimiento en los últimos años y cada vez más personas reconocen sus beneficios para la salud física y mental. Se encuentra en una variedad de entornos académicos y hospitalarios, lo que demuestra un mayor interés en incorporar esta práctica meditativa en la vida diaria.

La técnica de meditación de atención plena es una forma de meditación que consiste en estar en el "aquí y ahora" y tomar conciencia de nuestras emociones, pensamientos y sensaciones físicas sin juzgar.

Por el contrario, la meditación de atención plena tiene un impacto directo en áreas del cerebro específicas que están relacionadas con la atención, la memoria y las emociones, entre otras cosas. La persona aprende a reaccionar de manera diferente en situaciones específicas de su vida.

Como resultado, practicar la atención plena mejora las habilidades cognitivas, el dolor, el estrés y la ansiedad, entre otros factores. Contribuye al bienestar y la calidad de vida.

Hay dos formas de practicar la atención plena:

- Formal: Permanecer inactivo en una posición sentada, acostada o de pie para meditar.

- Informal: prestar atención a cada momento de la actividad diaria. Caminar es un buen ejemplo de práctica informal, donde la atención se puede centrar en los olores que se sienten al aire libre, las sensaciones físicas, los colores de los paisajes y la respiración que aumenta con el ritmo de los pasos. Dado que estamos hablando de la meditación de atención plena para dormir, abordaremos la práctica formal, que consiste en meditar durante unos minutos antes de acostarse.

La meditación de atención plena, también conocida como "meditación de atención plena", se refiere al aprendizaje de cómo enfocar su atención en el momento presente. Es una práctica que aumenta la conciencia y ayuda a mantenerse alejado de las experiencias íntimas. Por lo tanto, la meditación ayuda a las personas a relajarse.

El objetivo de la meditación de atención plena no es alcanzar un estado particular, sino ser completamente consciente de la experiencia actual. Y en caso de que la experiencia del momento no sea agradable, el objetivo es abrirse a ella sin intentar remediarla.

Los síntomas de estrés más comunes incluyen problemas para dormir. La mayoría de las veces, no podemos dormir porque nuestra mente todavía está pensando. El insomnio puede ser causado por pensamientos del día anterior o preocupaciones del día siguiente.

Y cuantas más horas pasan, más tenemos la tendencia a pensar que el día siguiente será un día maravilloso y que es crucial descansar. Sin embargo, los esfuerzos de fuerza de voluntad para conciliar el sueño producen una aprensión significativa y son incompatibles con el sueño.

Es así como se forma un círculo vicioso basado en la ansiedad y el drama del insomnio: cuanto más intentamos conciliar el sueño, más preocupados y tensos nos volvemos y más nos mantenemos despiertos.

Aceptar los sentimientos, emociones y pensamientos que puedan surgir durante la práctica es una característica de la meditación de atención plena. Como resultado, la meditación de atención plena es una herramienta muy útil para controlar el insomnio.

Sin embargo, la trampa consiste en convertir esta estrategia en un método relajante cuando tiene mucho más que aportar. Para "despertar", animamos an aquellos que practican la meditación de atención plena a dormirse por la noche y también a meditar una vez al día.

¿Qué es la meditación cognitiva?

La técnica de la atención plena, también conocida como "atención plena", proviene del budismo. En cierta forma, se trata de despertar la conciencia del presente.

Ser consciente del contenido de la mente en todo momento también se puede considerar una capacidad humana fundamental y universal (es decir, accesible a todos).

Esta técnica puede ser especialmente útil para relajar nuestra conciencia y así dejar de lado los juicios que puedan surgir de nuestros sentimientos, pensamientos o sensaciones. Por lo tanto, este tipo de actividad puede ser una excelente manera de ayudarnos a conciliar el sueño.

Hay muchas formas conocidas de conciliar el sueño. Sin embargo, algunos métodos son más efectivos que otros; la meditación de atención plena ha demostrado ser científicamente eficaz para conciliar el sueño.

Un ensayo clínico específico ha demostrado que la meditación consciente, también conocida como atención plena, mejora significativamente la calidad del sueño.

Otro estudio de 2009 encontró que la meditación de atención plena ayuda a las personas a dormir el doble de rápido. Otras investigaciones también han encontrado los mismos hallazgos sobre los beneficios de la meditación de atención plena para el sueño.

PASO A PASO PARA DORMIR CON AYUDA MENTAL

Ahora que sabe que la meditación de atención plena puede ayudarlo a dormir mejor, solo necesita saber cómo practicarla. Lo primero a tener en cuenta es que el objetivo de la atención plena es garantizar que nuestras mentes se centren en el presente en lugar de en el pasado o el futuro.

La hora del sueño es delicada. De hecho, sentir que se acerca el sueño es agradable, pero irritante cuando no lo hace. La meditación de atención plena mejora la calidad del sueño y la hora de acostarse.

Con la ayuda de la meditación de atención plena, estos pasos lo ayudarán a dormir mejor.

1. Preparación

Puede practicar la meditación de atención plena para dormir mejor y obtener beneficios inmediatos. Para esta primera sesión, le recomendamos que se acomode en un lugar tranquilo, alejado del ruido y las distracciones potenciales. Siempre que esté preparado para el momento de meditar, su dormitorio puede ser este lugar.

Este es un ejercicio que puede hacer directamente en la cama o antes de acostarse. De hecho, el propósito es promover el sueño.

2. Mantener el control de su flujo de pensamiento

Comenzando por sentarse cómodamente y cerrar los ojos, Observe si su mente está tranquila o extremadamente inquieta. Tome conciencia de los diferentes puntos de contacto entre su cuerpo y su cama o silla mientras deja que su mente divague.

Si aparecen pensamientos o emociones "intrusivos", intente mantener una actitud neutral.

3. RESPIRO CONTROLADO

Te animamos a respirar profundamente durante esta sesión. Si lo desea, puede colocar la mano sobre el abdomen o la parte inferior del abdomen para sentir cómo se hincha y desinfla al inhalar y exhalar.

Cada inhalación puede durar unos 6 segundos y debe intentar inhalar el aire aún más lentamente. Es mejor respirar por la nariz y exhalar por la boca para que su cuerpo circule sin esfuerzo. Prestar atención a nuestra respiración es crucial.

Deje que el mal pensamiento te acompañe mientras liberas el aire. Las preocupaciones desaparecen y los pensamientos se dispersan. Recuerde concentrarse en su respiración cuando su mente se distraiga. Concentrarse en el presente.

Controle su respiración y observe cómo el aire entra y sale de su boca y pulmones a través de sus fosas nasales. Repita esta acción durante 5 a 10 minutos hasta que te sientas más relajado.

4. Observe su ritual para dormir

Ahora es el momento de reflexionar mentalmente unos momentos antes de acostarse. Claro que tienes un rito. Observa cada paso. Podría ir al baño para refrescarse o cambiarse de ropa. ¿O estás preparando un té? ¿Escuchas música tranquila?

No importa en última instancia: lo crucial es estar muy atento a cada acción que lo satisface.

5. Ayuda a dormir

Sienta el peso de tu cuerpo sobre el colchón. ¿El colchón es muy flexible o muy duro? ¿Y cómo están tus sábanas? ¿Qué textura, temperatura u olor tiene?

Ahora está dormido en su posición preferida. Te das cuenta de cómo estás sentado y cuánto pesa tu cabeza sobre la almohada. Tus párpados están aumentando en peso.

Observa cómo tus ojos se cierran. Su cuerpo se volvió completamente relajado y pesado, y su respiración se hizo más lenta. Además, su frecuencia cardíaca disminuye. Observa cuán profundamente duerme. Deje que surja una imagen calmante, una situación, un paisaje, lo que sea que se le presente en este momento.

6. Imaginar despertar

Ve el momento de despertar ahora. Imagina cómo se siente cuando tu cuerpo se despierta. Imagina que tu respiración y frecuencia cardíaca se aceleran. Puede incluso sentir la necesidad de estirarse. Antes de sentarse en el borde de la cama, puede verse a sí mismo abriendo los párpados y haciendo contacto con su entorno.

Después de terminar esta visualización, regrese a la conciencia de su respiración en el aquí y ahora. Abre los ojos cuando quieras.

Después de la sesión, toma unos minutos para descansar. Se pueden hacer algunas preguntas simples como: ¿Cómo te sientes? ¿En qué estado de ánimo estás?

¿Cómo te sientes?

Finalmente, intente expresar o explicar sus impresiones,

independientemente de lo que le venga en el momento. Pueden ser pensamientos, imágenes, colores, olores y sensaciones. Si tiene problemas para conciliar el sueño con regularidad, la meditación de atención plena puede ser de gran ayuda.

3. Meditación para dormir según el budismo

Cada vez más personas en el mundo occidental utilizan la meditación budista como una forma de relajarse y mejorar el sueño debido a la popularidad del budismo, el yoga y la atención plena.

La falta de sueño no solo afecta la productividad, sino también la salud y la longevidad, aumentando el riesgo de padecer estrés, trastornos de ansiedad, agotamiento, diabetes, hipertensión arterial, obesidad y problemas cardíacos como ataques cardíacos y accidentes cerebrovasculares.

Cada vez más médicos están recomendando meditar antes de acostarse, y la mayoría de los pacientes han experimentado un cambio significativo en su capacidad para dormir mejor y más profundamente sin despertarse en medio de la noche.

También se ha demostrado científicamente que la práctica de aquietar la mente, que se enfoca en la respiración y la conciencia del presente, reduce la fatiga, la ansiedad y la depresión y reconecta el cerebro.

¿Qué es la meditación budista y cómo puede ser útil para ti?

Para aquellos que buscan una forma completamente natural y segura de tratar el insomnio, la meditación budista es una herramienta excelente. Se ha demostrado que también reduce o elimina el uso de pastillas para dormir y sus efectos secundarios.

El centro de la meditación budista está aprendiendo gradualmente a dejar de lado pensamientos y emociones que podrían ser perturbadores.

Para entender cómo la meditación budista te ayuda a dormir, debemos comprender los factores que contribuyen a nuestra falta de sueño. En ocasiones, los problemas para dormir son físicos, y pueden ser el resultado de una enfermedad u otros trastornos físicos.

El espíritu del mono es la causa más común del insomnio. El término "espíritu del mono", originario del budismo chino, se refiere a la agitación mental, la falta de concentración, la distracción, los pensamientos dispersos, el cansancio y el estrés.

Hace más de 2.500 años, Buda, el precursor de la psicología, habló sobre el espíritu del mono, una mente inestable e inquieta que piensa demasiado. El espíritu del mono es la parte de la mente que está hiperactiva, preocupada y salta de un pensamiento an otro. Nuestro espíritu de mono ha creado este ruido constante que nos impide estar presentes y disfrutar del momento presente.

Este monólogo interior se compone principalmente de pensamientos sobre los miedos y preocupaciones de la vida. Conoces el sistema: empiezas a pensar en tu trabajo, tus hijos, tu lista de compras, el futuro, etc.

El flujo abrumador de pensamientos dificulta el sueño. En este estado mental desequilibrado, nuestro cuerpo experimenta una gran cantidad de estrés, lo que dificulta conciliar el sueño y permanecer dormido.

Inevitablemente debemos trabajar en nuestra mente para calmar el cuerpo para que duerma, y paradójicamente, la mejor manera de calmar nuestra mente es a través del cuerpo, respirando correctamente. Al concentrarse en su respiración, puede calmar el espíritu del mono y liberar las tensiones que ha creado en su cuerpo.

La meditación budista, que utiliza la respiración consciente como conexión entre el cuerpo y la mente, te ayuda a dormir mejor. La respiración consciente te hará sentir más tranquilo durante el día y te ayudará a dormir profundamente.

Realizar hábitos de meditación budista paso a paso.

La meditación budista se enfoca en concentrarse en la respiración y el presente, sin preocuparse por el pasado o el futuro. Su cuerpo también se calmará al calmar su mente y el flujo de pensamientos, lo que le permitirá dormir de manera natural y sencilla en ese estado de tranquilidad.

¡Obtenga una guía detallada sobre cómo realizar la meditación budista para dormir!

1. Preparación

Lo que hace antes de irse a la cama (o meditar) tiene un impacto significativo en la calidad de su sueño/meditación, así como en su capacidad para conciliar el sueño. Tener una rutina de relajación dos horas antes de acostarse ayudará a reducir el estrés y la ansiedad. En otras palabras, prepare su cuerpo para dormir y meditar budista.

Estos son algunos consejos que puede incorporar a su rutina de meditación/antes de dormir:

Evite actividades que puedan causarle emoción: apague las luces y cree una atmósfera visualmente relajante.

• Haga cosas que te relajen, como escuchar música o leer un libro.

• Tome un baño o un baño con agua caliente.

• Beba una taza de té o leche caliente (no tome bebidas con cafeína).

• No piense en la lista de cosas que debes hacer al día siguiente.

Pasar tiempo con su pareja, hijos o familiares.

2. Preparar el entorno

Para poder pasar directamente de la meditación al sueño, debería practicar la meditación budista en el mismo lugar donde se duerme. Asegúrese de que el entorno en el que meditará o duerma sea apropiado.

Debe dormir en un lugar tranquilo y sin ruidos. Ni demasiado caliente ni demasiado frío debe haber en el ambiente. Asegúrese de que la habitación esté completamente oscurecida.

3. Encontre una posición cómoda

Hay muchas formas diferentes de practicar la meditación para dormir y, sinceramente, la postura que tomes es completamente tuya. Puede elegir la postura que más te convenga: sobre un cojín, en un banco, en una silla o en la cama.

Cerra los ojos, mantente en silencio y concentrate en tu cuerpo. Observe el contacto y el tacto de su cuerpo con el asiento, el piso o la cama. Dirija su atención a la parte de su cuerpo que desee durante unos minutos.

4. EMPIEZA A PRACTICAR LA RESPIRACIÓN

Respire con un ritmo natural tranquilo, largo y profundo para establecer una conexión profunda entre tu cuerpo y tu mente. Mientras inhalas, debes "empujar" tu exhalación, pero no lo hagas demasiado, manténgase natural.

Después de uno o dos minutos, debería determinar la velocidad de respiración que más se adapte a sus necesidades.

Ahora debe estar completamente presente durante cada una de sus inhalaciones y exhalaciones. Respire el aire en su nariz, boca, garganta y pulmones. Sienta cómo su cuerpo sale durante la exhalación. Sea presente, consciente y consciente de todo esto. Recuerde concentrarse exclusivamente en su respiración.

5. ESTADO ESPÍRITA

Es normal que su mente comience a divagar durante la meditación budista.

Simplemente concentre su atención en su respiración en lugar de enojarse o castigar. Es completamente común que surjan pensamientos y emociones mientras meditas.

El objetivo es estar presente, así que no persigas tus pensamientos. Cuanto más intente eliminarlo, más atención les prestará y se volverán más fuertes. No te apegas an ellos ni te identifiques con ellos; déjalos pasar sin juzgar, como nubes en el cielo.

Devuelva su atención a su cuerpo y respiración tan pronto como se encuentre identificando o aferrándose a sus pensamientos; su mente se calmará rápidamente.

Con el tiempo, tendrá menos pensamientos durante la meditación, su mente será más fácil de descansar y dormirá más rápido. Su mente y cuerpo serán condicionados después de un tiempo de meditación budista, y se sorprenderá de lo rápido que puede relajarse. Probablemente ya no tenga que dormir meditando para conciliar el sueño.

Una excelente manera de silenciar las voces del miedo, la ansiedad, el insomnio y otras emociones negativas que ocupan demasiado espacio en tu mente y te impiden dormir tranquilamente es la meditación budista.

Una de las mejores formas de transformar tus ansiedades en serenidad es aprender a manejar tu espíritu de mono a través de la práctica de la respiración consciente. Al principio, como la mayoría de las cosas, puede ser difícil, pero lo lograrás, así que no te rindas.

Si aprendes el arte de dejar ir entrenando tu mente, no solo mejorará tu sueño, sino que también vivirás una vida más feliz y saludable.

4. Meditación para dormir de Zazen

Zazen es una forma de meditación sentada que se deriva de la práctica budista Zen. El Zen es la filosofía y la práctica meditativa de Zazen. Los beneficios de la meditación Zazen incluyen un comportamiento social adaptado, una mente tranquila, una mejor salud física o mental y la resolución de varios problemas cotidianos, como el insomnio.

Zazen es un enfoque de meditación muy preciso que concentra toda su atención en la postura y la respiración. De hecho, las posiciones de loto y medio loto (sobre una almohada gruesa redonda llamada zafu) son las únicas posiciones que se utilizan tradicionalmente. Sin embargo, en la actualidad se consideran numerosas perspectivas diferentes.

El objetivo de la meditación Zazen es aumentar la conciencia y la intuición. ¿Cómo puede ayudarte a dormir mejor?

Primero, relajarás tus músculos con las posiciones.

Luego, practica técnicas de respiración para relajarte. Por lo tanto, podemos decir que la meditación Zazen es un método para combatir el insomnio trabajando tanto el cuerpo como la mente. Si la palabra Zen te llama la atención, quizás sepas que proviene del budismo.

El zen, o "zazen", es una forma de meditación que ayuda a recuperarse y aliviar el estrés diario. Esta meditación es completamente religiosa para los monjes y les permite acceder al despertar del Buda. Nació en India y llegó a Japón en el siglo XIII para establecer dos escuelas: Sooto y Rinzai.

Los templos han permitido a los laicos descubrir esta técnica tan especial en los últimos años. Los monjes dieron la bienvenida a los curiosos a su espacio de forma gratuita y compartieron sus conocimientos para mantener su templo, a menudo amenazado por la falta de creyentes y medios. Por lo tanto, la meditación Zazen se extendió al mundo occidental.

Recomendaciones Para Aliviar La Ansiedad Y El Estrés

Desafortunadamente, muchas personas deben lidiar con el estrés y la ansiedad. Hay una forma de controlar estos sentimientos a través de la meditación de conciencia, aunque es una reacción natural de nuestros cuerpos. En el próximo capítulo encontrará una serie de guiones que pueden ayudarlo a manejar una variedad de situaciones estresantes. En el siguiente capítulo encontrarás todo lo que buscas, ya sea una solución rápida, un método para superar los ataques de pánico o un guión de conciencia de respiración. Para empezar, comenzaremos con un guión básico para aliviar la ansiedad.

La guía básica para aliviar la ansiedad
Si experimentas ansiedad, recuerda que no eres el único. Muchas personas se ven

afectadas por la ansiedad. Encuentre una posición cómoda y podremos comenzar nuestra meditación si desea tomarse unos momentos para ayudar an aliviar su ansiedad controlando su respiración.

Adelante y empieza an encontrar tu aliento una vez que encuentres una posición cómoda. Respire hondo y exhale lentamente. Hasta que sientas que el ritmo de tu corazón disminuye, respira suavemente más.

Date cuenta de que la ansiedad es una reacción natural de tu cuerpo mientras te concentras en tu respiración. La relajación es una de las mejores formas de ayudar a superar la ansiedad natural. Una vez que se relaje, puede controlar las respuestas automáticas de su cuerpo y tratar su ansiedad.
En este momento, puede experimentar una variedad de síntomas de ansiedad,

como temblar, tener pensamientos preocupantes, respirar rápido o sentir los músculos un poco tensos. En este momento, lo más importante es que sepas que estas cosas están sucediendo. Debemos relajar nuestra mente y ganar control sobre la situación antes de que podamos relajar nuestros cuerpos.

Quiero que te concentres primero en tu respiración. La clave para relajarse es respirar profundamente. Adelante, respira profundamente a través de la nariz y exhala a través de la boca. Bien. Quiero que inhales y exhales profundamente como si estuvieras soplando una vela en un pastel de cumpleaños. Asegúrese de liberar todo el aire de sus pulmones mientras exhala.

Quiero que inhales y te concentres en ralentizar la respiración en tu próxima inspiración. Hazlo an un ritmo tranquilo.

Tienes la capacidad de calmarte en este momento.

Date cuenta de que estás dando a tu cuerpo el oxígeno que necesita para relajarse a medida que continúas respirando.

El único trabajo que tienes en este momento es hacer que te sientas cómodo. Solo ayuda a que el sentimiento se haga más fuerte cuando luchamos contra la ansiedad. Serás capaz de calmar tus pensamientos y aliviar la ansiedad cuando te sientas ansioso. Recuerda continuar respirando mientras lo haces. Debe inhalar con lentitud. Se puede sentir el latido de su corazón disminuir y estabilizarse.

Me gustaría que repitiera un par de frases después de mí cuando esté listo.

Me siento muy ansioso en este momento, pero estoy bien.

Este sentimiento pasará pronto y no me afectará de ninguna manera.

Aunque parece que estoy en pánico, estoy a salvo. Aunque en este momento me siento ansioso, pronto estaré tranquilo.

Esto es algo que puedo superar. Estoy tomando medidas para pasar la ansiedad y sentirme relajado y cómodo.

Creo que puedo calmarme y relajarme. Esto también ocurrirá en un futuro cercano.

Adelante y envíe algunos mensajes más calmantes mientras te concentras en tu respiración. Puede decirse a sí mismo lo que necesita saber ahora. Ahora eres el único que sabe lo que necesita para calmar su ansiedad.

Es posible que pueda aliviar físicamente la tensión en sus músculos si está experimentando un ataque de ansiedad grave y sus músculos están temblando. Considere sacudir el agua de sus manos como si estuviera secando. Sacude suavemente sus manos hacia adelante y hacia atrás mientras sacuda sus manos y permita que su muñeca se mueva sin fuerza. Imagina que las gotas de agua caen de la punta de sus dedos mientras lo hace. El agua es tu tensión que se sacude y se escapa de ti. Tómese un momento para observar cómo se sienten sus manos una vez que haya aliviado la tensión en sus muñecas y manos. Cuando la tensión desaparezca, debes sentirte más relajado en tus manos. Devuelva sus pensamientos a su respiración y recuerde que está superando esta sensación. Recuerde respirar suavemente y sentirse más relajado con cada respiración.

Quiero tomarme un último momento para concentrarme en tus músculos después de ajustar la respiración. Cuando estamos ansiosos, con frecuencia nos sentimos tensos, dolorosos y agotados. Quiero tomarme un momento para ayudarlo a relajar uno an uno.

Me gustaría que primero baje la mandíbula inferior. Deje caer tu mandíbula para que ya no se toquen tus dientes. Deje que su mandíbula se relaje y se afloje, y sienta cuánto mejor se siente su mandíbula cuando sus dientes no están apretados.

Ahora, me gustaría que se adelantara y bajara los hombros. Déjelos caer lejos de su oreja y permita que sus hombros se relajen y aflojen. Si te apetece, puedes incluso mover suavemente los hombros y los brazos en algunos círculos. Mueve los hombros suavemente hacia adelante en pequeños círculos y hacia atrás, permite que los hombros se aflojen mientras ayudas a crear distancia entre los omóplatos y entre las orejas. Me gustaría que levantaran los brazos por encima de la cabeza y se estiren con cuidado hacia el techo si se sienten con fuerza. Baje los brazos a los lados mientras relaja los músculos.

Gire con cuidado su cabeza a la izquierda, luego al centro y luego suavemente a la derecha. Vuelva al centro y sienta el estiramiento en la parte posterior de su cuello mientras inclina suavemente su barbilla hacia el techo. Volver la cabeza an una posición neutral, enderece la espalda y sienta cómo sus músculos se han relajado.

Antes de terminar nuestro guión de relajación para la ansiedad, tómate un tiempo extra para relajarte y descansar; sin embargo, necesitas ayudar an aliviar tu ansiedad.

Hay cuatro pasos que debes recordar cada día para ayudarte a manejar la ansiedad.

Recuerde respirar. Cuando nos sentimos ansiosos, comenzamos a hiperventilar. Recuerda inhalar lentamente y exhalar completamente si siente ansiedad. Si puede controlar su respiración, puede controlar su mente.

En segundo lugar, no olvide calmar sus pensamientos. Es más sencillo hablar de esto que hacerlo. Sin embargo, primero debe estar consciente de su ansiedad, luego puede respirar profundamente y calmarse.

Si es necesario, siempre puede pasar al tercer paso para aliviar la tensión física. Solo toma un momento para sacudir las manos y sentir la tensión fluir de sus manos como el agua.

Finalmente, no olvide relajar sus músculos. Si experimenta un ataque de ansiedad, respire profundamente, retire la mandíbula, libere los hombros y recuerde que esto pasará. Serás capaz de superar cualquier cosa que se te lance si mantienes el control de tus pensamientos y de tu cuerpo.

Antes de continuar con tu día, me gustaría que te tomes unos momentos más para dedicar un poco de tiempo a respirar. Cuando estés listo, trae la conciencia de nuevo a la habitación, escucha los sonidos que te rodean, siente el suelo debajo de ti, respira profundamente y continúa con tu día con tu nueva sensación de paz.

La estructura de la Meditación del Pánico

Hay muchas formas de manejar el pánico. Si durante algún momento de este guión sientes que está causando más daño que bien, te sugiero que pongas fin a tu actividad de inmediato.

Hay varias formas de tratar de superar un ataque de pánico. Esperar a que termine el episodio es una recomendación. Recuerda que esta sensación no durará para siempre mientras te concentras en tu respiración. Ya has experimentado esto en el pasado; puedes experimentarlo de nuevo. Tienes un gran corazón y una fuerte voluntad. Si te sientes así en este momento, concentre tu atención en tu respiración y verás que pasará.

Si no puede esperar a que pase el episodio, intente hacer algo. Cuando entramos en pánico, nuestro cuerpo trata de escapar del peligro. Trate de hacer algo físico para superar un ataque de pánico, ya sea que ese peligro esté en su mente o no. Hasta que la respuesta de estrés desaparezca, puedes intentar algo simple como dar un paseo por la calle o incluso hacer algunos saltos.

Comencemos con este guión de meditación para ayudarlos a superar el pánico por el momento. Si en algún momento sientes que esta meditación no funciona para ti, te sugiero que intentes uno de los dos métodos mencionados anteriormente. Solo recuerda que es fundamental cuidarse. Esto significa que tendrás que tomar la mejor decisión para ti, por lo que elige cuidadosamente el método que sea más saludable y cómodo para ti.

Si estás listo para comenzar la meditación, entra en tu espacio y deja todo lo demás fuera de tu alcance. Adelante y prepara tu espacio de cabeza. Sugiero reducir las luces, iluminar cómodamente tu favorito y crear un espacio verdaderamente seguro para ti. Cuando te sientas cómodo, continúa y encuentra tu propio ritmo.

Se siente como si tuviera un ataque de pánico en este momento. Recuérdate que estás bien aunque sientas miedo o peligro. El pánico y los síntomas que experimentas no pueden dañarte. Recuérdese que esta es una respuesta natural. Aunque tu cuerpo está confuso, está tratando de evitar el peligro.

Recuérdese que está bien aunque se sienta mal en este momento. La sensación desaparecerá y todo volverá a su estado normal.

Sentir miedo es aceptable. Está bien sentir miedo. Recuerda que este sentimiento no permanecerá para siempre ni se extenderá. Tu cuerpo saldrá de este modo de pánico cuando se dé cuenta de que no hay amenaza. Tu cuerpo responde al estrés y también se relaja. Serás capaz de desencadenar esto y calmarte solo con tus pensamientos una vez que te metas en el espacio de cabeza correcto. Cuando esté preparado, comenzaremos a trabajar con tranquilidad. A través de la respiración, la atención y el pensamiento positivo, podemos superar este ataque de pánico.

Adelante, profundiza en tu inspiración. Siente el aire fluir libremente a través de tu nariz. Haga una pausa y llene sus pulmones con aire. Permítete respirar y sonreír un poco ahora. Aunque parezca que no lo estás haciendo, estás respirando en este momento. Se asegure de que recibe suficiente oxígeno para sobrevivir. Respire y expulse. Está sobreviviendo. Está protegido. No corre ningún peligro.

Quiero que veas una vela frente a ti. Imagina que la llama se inclina suavemente hacia ti mientras respiras y que al exhalar, comienza a parpadear y desvanecerse ligeramente. Imaginen la pequeña llama frente a usted moviéndose con cada respiración y exhalación. En este momento, estás supervisando el fuego. La llama es el pánico que siente en su interior. Observa cómo puede soplar la llama completamente. Inspira profundamente ahora. Aguanta. Sopla esa vela y exhala rápidamente para sacar todo el aire negativo de tus pulmones.

Me gustaría que abriera suavemente los ojos si está dispuesto. Observen lo hermoso que han construido a su alrededor. Quizás has pintado la habitación con el color que te gusta o tienes una hermosa fuente de agua burbujeando a tu lado. Recuerda que te sientes seguro en esta habitación. ¿Tienes alguna preocupación en este lugar? Podría encender las luces de manera diferente o poner música. Debes hacer lo que te haga sentir más cómodo ahora.

Concéntrese en su respiración mientras avanza. No hay nada en lo que tengas que pensar o concentrarte en este momento. En este momento, debería haber poco o nada de esfuerzo. No hay nada más importante que tú, la paz y tu respiración. Simplemente siéntate y concentre su respiración. Nota cómo la sensación de pánico se desvanece gradualmente con cada respiración. Recuerda que está protegido. Cada vez hay menos ansiedad y pánico. Te sientes mucho mejor.

Me gustaría invitarte a concentrarte para mejorar nuestra práctica. Empieza asegurándote de que está bien. Aunque puede que no te sientas así, nuestros pensamientos tienen poder. Estás protegido. Estás enamorado. Está todo bien. Este miedo desaparecerá.

Cuando estén preparados, les pido que presten atención a sus manos. Tomen con cuidado lo que ven. Frote suavemente las palmas de sus manos adelante. Mientras lo hacen, sienten la fricción entre sus manos y las calientan un poco. Quiero que sigan haciendo esto hasta que se sientan cómodos. Siente la acción suave de tus manos centrándote y calmándote. Permita que la tranquilidad se esparza por sus manos y todo su cuerpo.

Siente la ansiedad y el pánico desaparecer ahora. Ya te sentirás mejor en unos minutos. Te sientes diferente ya. Te sientes mejor. Si no lo haces, date cuenta de que lo lograrás en algún momento. Cada momento de nuestra vida pasa sin que seamos conscientes de ello. Cuando estás en pánico, al siguiente día te sientes bien. Por eso, incluso cuando tenemos ataques de pánico, debemos disfrutar del momento y apreciar todo. La forma en que maneja esta emoción es crucial.

Ahora sabes que tienes varias opciones cuando el pánico ataca tu mente y tu cuerpo. Recuerda que debes respirar cuando sientas esta respuesta. Quiero que veas la vela delante de ti para evitar el pánico. Puede relajarse si así lo desea. Estén atentos a la reacción de su cuerpo y decidan cómo reaccionarán a cambio.

Podrás superar cualquier cosa si recuerdas respirar. Antes de que regreses a tu día, te invito a tomar unas cuantas respiraciones más. Concentre su atención en su respiración a medida que se calmen. Cuando estés preparado;

Inspira... Deja que todo termine; ahora mismo estás completamente a salvo.

Dentro... y salir. Bien.

Exhala suavemente una vez más y vuelve a concentrarte en la habitación.

Es evidente para ellos que en los últimos instantes han experimentado una cierta tranquilidad. Si sigue experimentando ansiedad o pánico, intente uno de los otros métodos de ejercicio o distraerse con otra cosa. Hablar con un amigo a veces puede ser muy útil. Recuerda que siempre tienes el control sobre tus pensamientos, no importa lo que elijas hacer. Respira profundamente y permítete superar estos momentos difíciles.

La estrategia de meditación para la ansiedad an alta presión

Aunque hay muchas razones diferentes por las que las personas pueden sentir ansiedad, estar bajo presión puede ser uno de los principales factores. La meditación puede enseñarte a permanecer concentrado y tranquilo, incluso en un ambiente de alta presión. Podrás mantenerte calmado, fresco y tranquilo cuando más lo necesites, ya sea que estés dando una presentación, siendo examinado o incluso asistiendo an una entrevista de trabajo. Se le proporcionará un guión de meditación a continuación para ayudarlo a desarrollar sus habilidades de relajación para los momentos en que necesite estar tranquilo.

Solo necesitarás apartar unos minutos para esta meditación. Este aspecto es importante porque puede recordar este guión cuando solo tiene tiempo para relajarse. El siguiente guión te proporcionará tres métodos para calmar tus pensamientos, relajar tus músculos y prestar atención a tu respiración. Para volver al trabajo sin pánico o ansiedad, debes seguir estos tres pasos.

Asegúrese de estar cómodo antes de comenzar este ejercicio. Mueva un poco su cuerpo y afloje todo. Cuando se sienta cómodo, concentre su atención en su respiración. Antes de que haga algo, ¿cómo se siente su respiración en este momento? Permítete tomar nota y deja ir esa idea sin juzgar.

Solo quiero que te concentres en tu respiración ahora. Respira suavemente y permite que todo se desvanezca. Respira profundamente y profundamente, absorbe todo el oxígeno y luego déjalo salir. Intenta reducir la respiración cuando puedas. Intente contar hasta cuatro con cada respiración, luego mantenga la respiración durante tres antes de dejarla salir con la misma cuenta. Si estás preparado, intenta esto conmigo.

También, inspira... cuatro... tres... dos... uno... aguanta... y exhala aire... cuatro... tres... dos... uno.

Brillante. Inténtalo unas cuantas veces más hasta que sientas que controlas completamente tu respiración.

Inspirar... cuatro... tres... dos... uno... aguantar... y liberar... cuatro... tres... dos... uno.

Excelente. Concentre su concentración en su respiración. No quiero que tengas más pensamientos en este momento. Solo tú y tu respiración, nada más.

Inspirar... cuatro... tres... dos... uno... aguantar... y liberar... cuatro... tres... dos... uno.

Puede sentir una sensación de calma que te rodea con cada respiración. Cada respiración reenfoca tu cerebro. Estás alerta y relajado. Te estás enseñando a ti mismo que puedes con cada respiración, y estarás relajado bajo presión. Nada puede sacudirte. Es fuerte y autosuficiente. Nada puede quitarte eso.

Genial.

Ahora, te invito a concentrarte en tus músculos. ¿Cómo te sientes en este momento? Quiero que sepas cómo se siente tu mandíbula, tus hombros y ahora tus manos. Con frecuencia mantenemos toda nuestra tensión aquí cuando estamos bajo presión y estresados.

Permítase aflojar los dientes ahora que es consciente de la tensión. Deje que su mandíbula se mueva ligeramente para que se sienta cómoda. Retire el paladar de la lengua y inspire profundamente. Ahora que su mandíbula no está apretada, puede experimentar una sensación de relajación.

Baje los hombros de la oreja con eso en mente. Gírelos suavemente hacia adelante y hacia atrás si lo desea; permita que los músculos se liberen. Siente que esta nueva posición ya te está ayudando a sentirte mucho más relajado y tranquilo. Tu cuerpo valora ponerte en una posición más relajada.

Finalmente, pon tu atención en tus manos. ¿Están tan presionados ahora mismo? Las deje abiertas y relajadas. Tus brazos pueden descansar tranquilamente mientras estás a tu lado. Nada de eso es necesario en este momento. Está en un lugar seguro. Está consciente de que debe calmarse. Estás usando tus habilidades para relajarte bajo cualquier presión.

Recuerda concentrarte en tu respiración ahora. En tu tiempo libre, haz un escáner corporal que aprendiste anteriormente.

¿Está aferrando an algún otro punto de tensión? Si es así, enfoque su energía de calma en esas áreas y alivia la tensión. No es esencial. En este momento, solo usted y su respiración.

Relax. Relax.

Recuerde que debe respirar siempre que esté bajo presión. Cuando tienes control sobre tu mente, puedes controlar cualquier evento que se te presente. Puede superar cualquier cosa si se mantiene tranquilo y recuerda respirar.

Relax. Relax. Recuerda respirar profundamente.

Respire profundamente unas cuantas veces más cuando esté listo antes de devolver sus pensamientos a su entorno. Recuerda que tienes la iniciativa. Recuerda respirar profundamente.

Como Estudio No Esencial

El conductor de una pequeña empresa de transporte motorizado, Igor Yu, de 40 años, recientemente descubrió un interés inesperado en la filosofía oriental. Después de leer mucho sobre la meditación, compró un libro sobre yoga y pasó varios días leyendo. Estudié todos los aspectos de la meditación. Era muy minucioso y hacía todo de acuerdo con las reglas. Igor adoptó una postura especial para la meditación, como se muestra en la Figura 1, y cerró los ojos mientras se preparaba para limpiar su mente de mentiras, envidias, orgullo y muchas otras cosas que suelen impedir a las personas vivir. Su objetivo era mejorar y aprender lo más profundo y sabiduría de esta vida.

Sin embargo, todo lo que experimentó durante las clases fue un dolor insoportable en la ingle debido a posturas incómodas y el entumecimiento progresivo de las piernas cruzadas. Media hora más tarde, él Me levanté con dificultad, reflexionando sobre la dificultad de meditar. Desde la primera ocasión, no ha ocurrido.

Sin embargo, Igor no era la clase de persona que se rendía ante los desafíos. Era un ser humano astuto y tenaz que buscaba superar los obstáculos.

Entonces, todos los días, an una hora determinada, se sentaba en una postura meditativa y intentaba entrar en esa condición mágica, sobre la cual se escribe en un libro inteligente. Después de eso, se escribieron muchas cosas interesantes. Sin embargo, el dolor lo perseguía implacablemente cada vez. Él no ha experimentado nada más que este dolor. No lo han intentado ambos.

Al otro lado de la semana, se levanta con niebla tóxica y hace "meditación" mientras canta "Maldita sea su toma" en un kit de primeros auxilios para medicamentos bajo presión.

En el primer caso

Si recuerdas que al principio cualquier dolor es un enemigo meditación, no repetirás los errores de Igor. Cualquier cosa inagradable Una fuente de ansiedad es sentirse en cuerpo.

Si esta etapa no le molesta, puede saltar este capítulo e ir directamente al capítulo 7.

La ausencia de dolor indica que la energía fluye libremente en tu cuerpo, un estado de energía canal satisfactorio. Y puede aceptar (saltar) al otro lado de sí mismo un flujo de energía adicional o nuevas formas de energía: amor, fe y esperanza.

Una persona tiene siempre deseos. Cualquier anhelo implica una intención de llevar a cabo lo que se ha concebido. Un deseo necesita ser hecho realidad, lo que te hace actuar. Incluso si no lo reconoces. Y toda acción requiere energía. La meditación activa tus impulsos inconscientes y te permite realizar tus deseos, iluminando a quien necesitas moverse.

No importa cómo lo hagas y qué tipo de problemas tengas. El método de meditación que explico en este libro lo ayudará en cualquier tarea: trabajo, deportes, amor (sexo), creatividad, comunicación y mejora de la salud.

A medida que lees estos libros, tus problemas y deseos mejoran porque aprendes nuevos conocimientos que amplían tu conciencia.

Nuestra cabeza dorada tiene analgésicos, como ya mencioné. Pero para usarlos con éxito, primero debe aprender an entrar fácilmente en un estado de meditación. Y el dolor te impide usar esta estrategia. Por lo tanto, preste atención a su condición antes de comenzar an estudiar.

1. Te sientes normal mientras lees este libro. ¿Qué implica? No tienes nada que

te duele ni te moleste. Si tomó analgésicos por última vez al menos una semana atrás, puede comenzar el estudio con seguridad.

2. Está algo abrumado o tiene un ligero resfriado. Puede que no sientas dolor, pero te sientes incómodo y desconectado. Por lo tanto, es mejor limitar su práctica a algunos tipos de meditación básica.

3. No empieces las clases hasta que el dolor desaparezca (por ejemplo, dientes, cabeza, estómago, etc.). Use cualquier método de retiro de dolor "propio" que tenga. En mis libros "Arreglar el destino ¡mi!", "Sal la vida", "Estómago - esta una vida" y "12 fiestas palmas", he sugerido varios métodos que puedes usar.

Si en ese momento no tienes ninguna idea del dolor o de tu estado, intenta hacer el siguiente ejercicio.

como aliviar el dolor (lección inicial de meditación)

Te ofrezco ahora una forma fácil de aliviar tu dolor, que también se convertirá en tu primer lección de meditación.

1. Siéntese. Entonces, para ti Fue conveniente y se cerró la boca.

2. Relájate mientras respiras. Experimente una respiración natural como siempre.

3. Contar siete exhalaciones en este momento.

En la octava hora (naturalmente) puedo decir sobre mí mismo: "Y estoy completamente tranquilo".

5. En la novena hora de exhalación, expresar sobre mí mismo: "Incluso mi respiración".

Sigue respirando naturalmente y emite declaraciones sobre ti mismo usando las fórmulas 4 y 5.

Dolor o cansancio

Meditación Ya ha pasado una semana y he logrado algunos éxitos. No había mucho tiempo para esto, así que reservó 30 minutos para clases después del trabajo y hacer las tareas del hogar. Y hoy es necesario que ocurra algo así, que como una vez le causaba dolor de cabeza. Alevtina intentó engañar al dolor al aceptar una pastilla de solpadeína, que, según la publicidad, actuaba rápidamente y comenzó a trabajar en 30 minutos. Sin embargo, algo seguía sin funcionar. No había dolor; sin embargo, ella Me sentí "hervido", sin entendimiento y con muchas ganas de dormir. En consecuencia, cada clase le dio una hora para pelear y no dormir.

En ocasiones, sentimos asco, pero no nos damos cuenta de que esto es el resultado. acumulación de fatiga. El cuerpo nos dice que necesita descansar. Y es difícil para nosotros, por voluntad o con la ayuda de estimulantes como el café, reprimir sus señales. Y la fuerza trabajo de la misma manera.

Recordar que el sueño natural es a veces mejor que la mejor meditación.

Por lo tanto, si está cansado, vuelva a leer este capítulo, pero use "fatiga" en lugar de "dolor". Pero aún mejor, retrasar el libro. Y acostarse para descansar adecuadamente.

Meditación dinámica

Hace unos 20 a 25 años, un día sentí que estaba enfermo. No, no tomé temperatura. No hubo tos ni moqueo en ninguna de las dos narices. pero mi percepción de mi propio lenguaje corporal mejoró con el ejercicio regular. Este lenguaje y la primera Determiné los síntomas de la enfermedad por los precursores más insignificantes de la enfermedad inminente: me sentí un poco inquieto, sentí un letargo, sentí un estado animico izquierdo querer lo mejor.

Era un frío noviembre. Afuera caía nieve en copos. Me vestí de abrigo y corrí por Victory Park. La nieve mojada voló en mi cara, algo se aplastó bajo mis pies, y me concentré en el calor que se acumulaba dentro de mi cuerpo cada minuto, calentando mi cuerpo. Sentí que mi cuerpo estaba completamente calentador después de una hora. Y regresé a casa.

Tomé una ducha y me senté en una silla y me sorprendió saber que estaba completamente saludable. Los síntomas desagradables de un resfriado próximo han desaparecido por completo, mientras que el estado de ánimo de Rosa se ha revitalizado y su cuerpo ha vertido energía.

La meditación me ayudó en este aspecto. (De acuerdo con la clasificación anterior, se trataba de una meditación de la forma nirvichara samprajnata samadhi.) Después de todo, pasé una hora meditando en el parque en noviembre en mal tiempo, concentrandome en el más cálido y Placer.

Era la primera etapa de meditación dinámica en la que el cuerpo se movió. Estático es un estado de meditación en el que el cuerpo permanece inmóvil y en reposo. Este ejemplo demuestra que la meditación dinámica puede ser más efectiva que la meditación estática en algunos casos.

Meditación y malestar

Si un verdadero maestro de Reiki no está bien de salud, pero necesita una sesión de transmisión de energía, generalmente no la rechaza. Además, al convertirse en un conductor de Reiki durante el proceso de curación o configuración, se ayuda a sí mismo al permitir que la energía fluya a través de sí mismo. Trata al paciente y a sí mismo. He presenciado personalmente una curación similar.

Nuestro maestro se resfrió cuando aprendí el arte de Reiki. Tenía secreciones nasales y un poco de tos. Sin embargo, cuando terminó el segundo día de clases, ya estaba bien. Ninguno de los miembros del grupo sufrió enfermedades durante el mes de estudios intensivos.

Si aún no ha decidido qué es lo mejor para usted, tenga en cuenta que el dolor El dolor se clasifica en dos categorías: el dolor causado por daño mecánico y el dolor cuya fuente se encuentra dentro del cuerpo. Y no sujeto a daño.

Si experimenta dolor debido an un daño mecánico (corte, hematoma, etc.), la meditación no es una buena opción para usted. En este caso, la autohipnosis es muy beneficiosa porque todos se sanarán más rápido.

En medio de conflictos bélicos, Se observó que las heridas en soldados se curan más rápido que en aquellos que van an atacar, al igual que en aquellos que reciben tratamiento en un hospital.

Ranki es el antiguo arte de la curación física, espiritual y mental que utiliza la transmisión de energía al otro lado del brazo curador.

Hable con su médico sobre la práctica de la meditación si experimenta dolor que no está relacionado con daños mecánicos. Si tiene dificultades para visitar an un médico por alguna razón, no importa, puede estudiar. Por lo tanto, en esa práctica no notas ninguno de los dos. Un caso de Cuando la meditación se practicaba, causaría incluso el mínimo daño a la salud de la persona.

www.ingramcontent.com/pod-product-compliance
Lightning Source LLC
Chambersburg PA
CBHW050241120526
44590CB00016B/2175